Dirk von Petersdorff · Romantik

Dirk von Petersdorff

Romantik

Eine Einführung

KlostermannRoteReihe

Bibliographische Information der Deutschen Nationalbibliothek

Die Deutsche Nationalbibliothek verzeichnet diese Publikation in der
Deutschen Nationalbibliographie; detaillierte bibliographische Daten
sind im Internet über *http://dnb.dnb.de* abrufbar.

Originalausgabe

© Vittorio Klostermann GmbH · Frankfurt am Main · 2020
Alle Rechte vorbehalten, insbesondere die des Nachdrucks und der
Übersetzung. Ohne Genehmigung des Verlages ist es nicht gestattet,
dieses Werk oder Teile in einem photomechanischen oder sonstigen
Reproduktionsverfahren oder unter Verwendung elektronischer
Systeme zu verarbeiten, zu vervielfältigen und zu verbreiten.
Gedruckt auf Eos Werkdruck von Salzer.
Satz: Marion Juhas, Frankfurt am Main
Druck und Bindung: Hubert & Co., Göttingen
Printed in Germany
ISSN 1865-7095
ISBN 978-3-465-04394-2

Inhalt

Einleitung 7

1. Anfänge: Wohngemeinschaften in Berlin, Jena und Heidelberg 15
2. Die zündende Idee: »Wir suchen überall das Unbedingte, und finden immer nur Dinge« (Novalis) 25
3. »Romantisieren«: dem eigenen Leben Bedeutung verleihen 35
4. Der Einsatz der Ironie 47
5. »Aussicht ins Unendliche«: Romantische Bilder von Caspar David Friedrich bis zur »Titanic« 61
6. Romantik in der Praxis: Politik 75
7. Gibt es romantische Liebe? 93
8. Melancholie, Depression, Spaltung: die dunkle Seite der Romantik 109
9. Verjüngungen. Romantik im 20. Jahrhundert und in der Gegenwart 123

Anmerkungen 141
Abbildungsverzeichnis 158
Siglenverzeichnis 159
Personenregister 161

Einleitung

Wie benutzen wir gegenwärtig die Begriffe ›Romantik‹ und ›romantisch‹? In der Schule hat man wahrscheinlich gelernt, ein Gedicht von Joseph von Eichendorff der Romantik zuzuordnen, im Alltag erzählt man vielleicht einer Freundin, man habe gestern einen unglaublich romantischen Abend verbracht. Findet jemand die Begriffe ganz diffus oder lernt die deutsche Sprache neu, kann der Duden helfen, der zur Romantik sagt, sie sei eine »Epoche des europäischen, besonders des deutschen Geisteslebens vom Ende des 18. bis zur Mitte des 19. Jahrhunderts«. Es folgt eine zweite Bestimmung: »das Romantische, die romantische Stimmung o. Ä., die einer Sache anhaftet«.[1] Hier wird auch das Adjektiv »romantisch« verwendet, zu dem es anschließend heißt: »gefühlsbetont, schwärmerisch; die Wirklichkeit idealisierend« oder auch »von einer das Gemüt ansprechenden [geheimnisvollen, gefühlvollen] Stimmung; malerisch, reizvoll«.[2] Viel klarer wird damit noch nicht, aber immerhin lassen sich zwei Varianten unterscheiden: eine, die ein kulturelles und historisches Phänomen bezeichnet (»vom Ende des 18. bis zur Mitte des 19. Jahrhunderts«), und eine weiter gefasste für Stimmungen, die zu einer »Sache« oder einem Erlebnis gehören. Diese zweite Romantik kann auch gegenwärtig stattfinden, zum Beispiel, wenn man am Abend »gefühlsbetont schwärmerisch« am Meer sitzt.

In diesem Buch wird es vor allem um die Romantik als historische Erscheinung gehen: um junge Autoren und Autorinnen in ihren Wohngemeinschaften um 1800, um die frühen reizvollen Fragmente von Novalis wie um die späten Erzählungen von E. T. A. Hoffmann mit ihren Schauereffekten, um die Idee, das eigene Leben zu »romantisieren«, um die Vorstellungen der Romantiker von wahrer Politik, aber auch um ihre Abstürze, ihre Depressionen und ihr Scheitern. Neben der Darstellung dieser kulturellen Romantik bleibt aber auch die zweite, weiter gefasste Bedeutung im Blick. Denn sie beweist, dass die Ideen aus der Zeit um 1800 sehr erfolgreich waren. Sie existieren im Wortschatz und im Denk- oder

Gefühlshaushalt bis heute fort – manchmal sicher in sehr verallgemeinerter und ausgedünnter Form, denn dass »Romantik-Hotels« für tiefe Empfindungen garantieren, glaubt wohl keiner. Aber den ersten Ideengebern und ihren vielen Nachfolgern ist es gelungen, etwas hervorzubringen, das für Menschen in modernen Gesellschaften dauerhaft interessant und attraktiv ist. Was sie hervorgebracht haben und warum es genial und folgenreich war, soll in den folgenden Kapiteln erklärt werden.

Gegenwärtig sagt man aber nicht nur allgemein, dass etwas romantisch sei, auch literarische Neuerscheinungen werden so eingeschätzt. Als 2010 Wolfgang Herrndorfs außerordentlich erfolgreicher Roman »Tschick« herauskam, sprach der Literaturkritiker Gustav Seibt von einer »Traumreise in ein verrücktes Ostdeutschland, die den alten romantischen Fahrten Tiecks oder Eichendorffs mit heutigen, gelegentlich amerikanisch anmutenden Mitteln folgt«, und die Literaturwissenschaftlerin Annika Bartsch brachte es auf die Formel: »Zwei ›Taugenichtse‹ im geklauten Lada«[3]. Ein Roman vom Beginn des 21. Jahrhunderts soll also etwas mit Joseph von Eichendorffs »Aus dem Leben eines Taugenichts« aus dem Jahr 1826 zu tun haben. Eine Gemeinsamkeit liegt darin, dass Eichendorffs Hauptfigur wie auch die zwei Jungen im Lada sich auf eine Reise ohne vorher bekanntes Ziel einlassen. Dabei lernen sie sich selbst, ihre Mitmenschen und die Natur besser kennen, philosophieren und verlieben sich. Aber Herrndorf wiederholt natürlich nicht einfach epigonal Eichendorffs Geschichte, wie die Rezension und der Aufsatztitel schon andeuten: Der Taugenichts wanderte oder fuhr in einer Kutsche mit, ganz bestimmt hätte er kein Fahrzeug geklaut, und außerdem war er ohne Freund unterwegs, das Thema der Freundschaft wird erst von Herrndorf in seine Romantik-Variante eingebaut. Die Romantik besitzt also eine lange Wirkung, und um ihr gerecht zu werden, stehen am Ende der Kapitel dieses Buchs wiederholt Ausblicke ins 20. Jahrhundert und in die Gegenwart.

Der Schwerpunkt der Darstellung liegt dabei auf der Literatur der Romantik, denn in der Literatur hat romantisches Denken besonders stark gewirkt. Aber keineswegs nur dort: Nach Prototypen des Romantischen gefragt, würden einige von uns Caspar David Friedrichs Bilder vor Augen haben. Seine Erfindung romantischer Landschaften und Sehnsuchtsräume wird das Kapitel zu »Romantischen Bildern« behandeln. Auch in der Musik haben romantische Ideen zur Entwicklung ganz neuer Strukturen geführt, und gerade als Musik hat die Romantik über Kulturgrenzen hinweg gewirkt. Das gilt bis heute, wenn ein berühmter Bariton wie Matthias Goerne den romantischen Liederzyklus »Die schöne Müllerin« auf Bühnen in Paris, New York, Tokio oder Seoul vorträgt. Die Texte von Wilhelm Müller und die Musik von Franz Schubert, in kleinen regionalen Kreisen im frühen 19. Jahrhundert erschaffen, sind bis heute weltweit präsent – auch dies eine erstaunliche Wirkungsgeschichte.

Eine weitere Frage ist die nach der deutschen oder europäischen oder weltweiten Romantik. Laut Duden war die Romantik »besonders« ein deutsches Phänomen – »eine deutsche Affäre«, so steht es sogar im Untertitel einer Romantik-Darstellung von Rüdiger Safranski.[4] Richtig ist, dass der erste gedankliche Impuls der neuen Bewegung von Deutschland ausging, soweit man ihn überhaupt nationalkulturell eingrenzen kann. Denn die Begründer der Romantik in Berlin und Jena, Friedrich Schlegel, Novalis und andere, griffen ganz selbstverständlich auf die Weite der europäischen Kultur zurück: von der Antike (mit Platon als wichtiger Figur) über das Mittelalter und die frühe Neuzeit (Dante, Petrarca, Cervantes und Shakespeare) bis zum Aufklärungsjahrhundert, das in der französischen und englischen Philosophie und Kunsttheorie wegweisend für sie war. Ideen und Formen der europäischen Philosophie, der Literatur und Malerei entwickelten sie weiter. Auch konkrete politische Ereignisse, vor allem die Französische Revolution (1789), wirkten produktiv auf diese Generation.

Nach seiner Erfindung wird das romantische Programm schnell in europäische Kulturen und über diese in außereuropäische überführt. Dieser Prozess lässt sich am Beispiel der französischen Autorin Germaine de Staël nachvollziehen. Sie floh in den 1790er-Jahren aus den politischen Wirren des revolutionären Frankreichs nach Deutschland und kam nach Berlin: »Wer in ganz Berlin hat mich interessiert? Der berühmte Prinz Louis? Nein. Einige der hohen Herrschaften, die es hier in Hülle und Fülle gibt? Nein: ein Professor, ein deutscher Professor!«[5] Gemeint ist August Wilhelm Schlegel, Friedrichs Bruder, den sie umgehend für den weiteren Gedankenaustausch sowie als Mentor und Erzieher ihrer Kinder engagierte. Aus der Zusammenarbeit der beiden geht de Staëls Buch »De l'Allemagne« hervor, das 1813 erscheint und eine Kulturgeschichte Deutschlands mit besonderer Berücksichtigung der soeben entstandenen Romantik liefert. Mit diesem Buch beginnt die internationale Ausbreitung der Romantik, denn in wenigen Wochen wurden zehntausende Exemplare verkauft, bis 1870 gab es allein in französischer Sprache 15 Auflagen. Zusammen mit einigen Vorlesungen August Wilhelm Schlegels, in denen er die wichtigsten Ideen der Zeit um 1800 zusammenfasst, begründet »De l'Allemagne« die internationale Geschichte der Romantik. Um ihr wenigstens hinweisend gerecht zu werden, werden in möglichst vielen Kapiteln dieses Buchs Erzeugnisse der englischen, amerikanischen oder italienischen Romantik besprochen, zum Beispiel Gedichte von William Wordsworth und Elizabeth Barrett Browning oder ein Essay von Henry David Thoreau.

In der Definition am Anfang wurde die Romantik als »Epoche« bezeichnet, die vom Ende des 18. bis zur Mitte des 19. Jahrhunderts reiche. Eine Epoche ist ein Teilzeitraum oder Teilabschnitt der Geschichte, innerhalb dessen sich viele Gemeinsamkeiten finden lassen. Auch für die deutsche Literatur kann man entsprechend verschiedene Epochen über die Bestimmung von Gemeinsamkeiten und Unterschieden identifizieren: Deutschsprachige Texte gibt es vom frühen Mittelalter bis in die Gegenwart, und wer sich mit ihnen beschäftigt, erkennt, dass manche von ihnen Gemeinsamkeiten besitzen und einander mehr ähneln, als sie Übereinstimmungen mit anderen Texten aufweisen: Novalis und Eichendorff sind enger miteinander verbunden als beide mit einem realistischen Autor wie Theodor Fontane. Von solchen ersten Beobachtungen ausgehend, versucht man zu bestimmen, worin die Autoren und ihre Werke verwandt sind. Man bemüht sich also, typische Merkmale eines Zeitabschnitts der Literaturgeschichte zu finden. Das Zusammentreffen und die Kombination dieser typischen Merkmale gibt es vor der zu bezeichnenden Epoche noch nicht und danach nicht mehr. So gelangt man zwar nicht zu strikten Grenzziehungen, denn manche Merkmale der Romantik existieren schon vor ihr, zum Beispiel im ›Sturm und Drang‹, und der nachfolgende Realismus weist trotz aller Selbstabgrenzung von der Romantik Kontinuitäten zu ihr auf. Aber die besondere Kombination von Merkmalen der Romantik, die in den einzelnen Kapiteln dieses Buchs erläutert werden, ist nur in der ersten Hälfte des 19. Jahrhunderts in starker und prägender Weise vorhanden.

Genauer gesagt, handelt es sich bei der Romantik allerdings nicht um eine Epoche, sondern um eine literarische Richtung oder Strömung.[6] Epochen finden, das ist der Sinn des Begriffs, nacheinander statt, eine Epoche folgt auf die andere. Im späten 18. und frühen 19. Jahrhundert gibt es aber literaturgeschichtlich kein

Einleitung

Nach-, sondern ein Nebeneinander. Es existieren zeitgleich verschiedene literarische Richtungen: Neben der Romantik ist vor allem die Weimarer Klassik zu nennen, die im Wesentlichen von Schiller und Goethe gebildet wird. Ebenso besteht die Spätaufklärung um und nach 1800 noch, mit Christoph Martin Wieland als wichtigstem Autor.[7] Zwischen diesen Richtungen gibt es Gemeinsamkeiten, und gerade Goethe, eine ganze Generation älter als die Romantiker, nutzt einige ihrer Erfindungen, so wie sie von ihm lernten. Aber Romantiker, Klassizisten und Aufklärer kritisierten und attackierten sich auch heftig und konkurrierten um Aufmerksamkeit auf dem literarischen Markt – und die im zweiten Kapitel vorgestellte zündende Idee ist nur den Romantikern eigen.

Auch als literarische Richtung muss die Romantik zeitlich eingegrenzt werden. Wann beginnt und wann endet sie also, wiederum zunächst auf die deutsche Literaturgeschichte bezogen? Um 1795 herum entstehen die ersten Notizen und Überlegungen, in denen ein Programm Gestalt annimmt, aus denen es sich langsam herausschält. Im Winter 1797 werden in der Berliner Wohngemeinschaft von Friedrich Schlegel und Friedrich Schleiermacher intensiv Ideen ausgetauscht, die an Bestimmtheit gewinnen, und spätestens 1798 mit dem ersten Heft der neugegründeten Zeitschrift »Athenäum« ist die Romantik als Verbindung von Vorstellungen und als Gruppe von Autoren vorhanden. Sie besitzen ein Gefühl der Verbundenheit und werden in der kulturellen Öffentlichkeit auch so wahrgenommen, manchmal mit Neugier und Interesse, oft mit Unverständnis, gelegentlich mit harscher Ablehnung.

Etwas schwerer ist das Ende der Romantik zu bestimmen. Oft wird eine Eingrenzung um 1830 herum vorgenommen, denn die bekanntesten Werke der deutschsprachigen Romantik sind bis dahin erschienen. Zudem endet die Weimarer Klassik mit Goethes Tod 1832, so dass beide Strömungen ungefähr gemeinsam ausliefen. Aber zwingend ist diese Datierung nicht, denn Eichendorffs wohl berühmtestes Gedicht »Mondnacht«, ein Prototyp der romantischen Gefühlswelt, entsteht 1835 und wird 1837 veröffentlicht. Eichendorff gehört zu jenen romantischen Autoren, die bis um 1850 herum veröffentlichen, auch Clemens Brentanos und Friedrich Wilhelm Joseph Schellings späte Produkte fallen in die Phase nach 1830, und noch differenzierter wird das Bild, wenn man Veränderungen der Romantik, wie sie Heinrich Heine oder Bettina von Arnim praktizieren, einbezieht. Heine beginnt mit seiner Modernisierung der Romantik in den 1820er-Jahren, Bettina von

Arnim versuchte die Romantik in den 1840er-Jahren politisch produktiv zu machen. Dazu wandte sie sich an den preußischen König Friedrich Wilhelm IV., den man als ›Romantiker auf dem Thron‹ bezeichnet hat. Allerdings kann man darüber streiten, ob Heines und Arnims Umorientierungen nicht so weit gehen, dass sie dabei den Boden der Romantik verlassen. Das Ende der literarischen Romantik lässt sich also »1830/50« datieren, um zu signalisieren, dass beide Daten zu begründen sind. Dass die Romantik als abgeschlossen wahrgenommen wird, auch wenn einige ihrer Protagonisten noch aktiv sind, zeigt sich in einem Brief Otto von Bismarcks, der 1851 über Eichendorff schreibt: »weißt Du, daß der Mann noch lebt? wohnt hier im Cadetten-Corps«[8].

Diese Datierungen – 1798 und 1830/50 – gelten für die deutsche Literatur, in anderen Kulturen verschieben sie sich etwas nach hinten. In England erscheinen beispielsweise in den 1850er-Jahren Gedichte von Elizabeth Barrett Browning, um die es im Kapitel zur romantischen Liebe noch gehen wird, und der oben schon erwähnte Essay »Walking« des amerikanischen Autors Henry David Thoreau entstand in den 1850er Jahren und wurde 1862 veröffentlicht. Blickt man auf die anderen Künste, erweitert sich der Zeitraum noch einmal, gerade in der Musik. Hier wird manchmal das gesamte 19. Jahrhundert als romantisch bezeichnet, mit einem Höhepunkt im Werk Richard Wagners, das überwiegend in die zweite Hälfte des 19. Jahrhunderts fällt. Allerdings gibt es auch in der Musikgeschichtsschreibung den Vorschlag, vor allem die erste Jahrhunderthälfte als romantisch anzusehen, später handele es sich um Fortführungen des romantischen Impulses unter veränderten Bedingungen.[9]

Solche Fortführungen romantischen Denkens nach dem Abschluss der historischen Richtung werden schlaglichtartig vorgestellt und am Ende gebündelt im Kapitel »Romantik und Gegenwart«. Romantische Literatur oder auch Musik nach der Romantik konnte es deshalb geben, weil ihre wichtigsten Forderungen, Bilder und Gefühlswelten in vielen Gesellschaften über lange Zeiträume hinweg tradiert wurden. So gehört in England bis heute ein Gedicht wie »Daffodils« von William Wordsworth zum festen Kanon in der Schule, Generationen lernten es auswendig. In Deutschland waren und sind die Bilder Caspar David Friedrichs einem kulturell interessierten Menschen bekannt, und mit romantischer Musik kommt man in Konzerten, privaten Zusammenhängen oder digital in Berührung. Die dahinterstehenden Ideen wurden in der Schule

Einleitung 13

oder in anderen Bildungszusammenhängen, aber auch in Familien, manchmal von Großeltern zu Enkeln, vermittelt, und wer sich vertieft für sie interessiert, findet zusammenfassende, spezialisierte oder populäre Darstellungen.

Die Romantik wurde aber nicht nur wahrgenommen und rezipiert, sondern auch immer wieder von Künstlerinnen und Künstlern aufgegriffen und produktiv gewendet. Sie eigneten sich einen Kernbestand an, ein ›Modell‹ von Romantik, könnte man sagen, und transportierten es in ihre Zeit und ihre Kultur.[10] Dabei veränderten sie es, ließen Bestandteile fallen, ergänzten es um eigene, verjüngten so die Romantik, brachten sie unter neuen Bedingungen zum Sprechen oder Klingen, in der Hoffnung, dass sie Zeitgenossen weiterhin oder sogar stärker wieder etwas zu sagen habe. Gerade in jüngster Zeit ist zu beobachten, dass Romantisches eine erneuerte Bedeutung bekommt für das Streben danach, sich selbst und das Verhältnis zur Welt besser zu verstehen. Auch im Blick darauf ist diese Einführung geschrieben worden.

1. Anfänge: Wohngemeinschaften in Berlin, Jena und Heidelberg

Die romantischen Anfänge um 1800 fanden in Wohngemeinschaften statt. Was man bis heute mit dieser Lebensform verbindet, galt schon damals: Die Protagonisten sind üblicherweise jung, zwischen 20 und 30, beruflich und sozial noch nicht festgelegt, führen vielleicht Liebesbeziehungen untereinander oder mit anderen, sind emotional beweglich. Man befindet sich in der Phase der Selbstfindung, weiß nicht, wohin es im Leben gehen wird, hat zahlreiche Träume, aber ebenso viele Selbstzweifel, brütet Ideen aus, die großartig sein könnten, aber auch etwas diffus bleiben. Gleichzeitig gilt es, ökonomisch zurecht zu kommen. Das Geld ist eher knapp, außerdem muss die Wohnung gereinigt werden. Es muss abgesprochen werden, wer wofür zuständig ist, was zu Streit führen kann. Denn nicht nur Freuden, Unsicherheiten und Ärgernisse werden geteilt, sondern auch die Küche.

In der Berliner Wohngemeinschaft von Friedrich Schlegel (1772–1829) und Friedrich Schleiermacher (1768–1834) kochte der Jüngere morgens den Kaffee, was den Älteren freute, denn er hatte vorher allein in der Wohnung (in der heutigen Chausseestraße) gelebt, und er fand es schön, dass er nun nur die Tür zu öffnen brauchte, »um mit einer vernünftigen Seele zu reden«[1]. Schlegel wiederum erklärt im Winter 1797, dass es ihm nicht schwerfalle, zu Hause zu bleiben, wenn es schneit, gerade »wenn man jemand bey sich hat, der theils auf der Bärenhaut d.h. auf seinem Sopha liegt, theils in die Stadt wie ein ächter alter Deutscher auf die Jagd geht, und Abends schönes Wildpret von Neuigkeiten mitbringt«[2]. Das Intellektuelle wie auch soziale Neuigkeiten gehören zum Gespräch, dabei hört man den Witz der jungen Autoren schon heraus. Die Gemeinschaft der beiden nahm bisweilen eheähnliche Züge an, was nicht allen gefiel. So äußerte sich August Wilhelm Schlegel (1767–1845) besorgt darüber, dass der jüngere Bruder von seinem WG-Genossen in falscher Weise verwöhnt werde.[3]

Aus den Gesprächen bei den Mahlzeiten, zu denen auch eine

vormittägliche Apfelpause zählt, gehen Ideen hervor, die notiert werden, Gedankenblitze, sogenannte »Fragmente«. Da gärt etwas, will heraus, zeichnet sich in Umrissen etwas Großes ab, an dem beide für sich, aber auch gemeinsam arbeiten. Aber noch ist alles unfertig. An seinem 29. Geburtstag wird Schleiermacher von seinen Freunden nicht nur mit Kuchen und Geschenken überrascht, sondern auch gedrängt, endlich ein richtiges Buch zu schreiben, »Neun und zwanzig Jahr, und noch nichts gemacht«[4]. Die Mahnung wirkte offenbar, denn bereits ein halbes Jahr später erschien »Über die Religion. Reden an die Gebildeten unter ihren Verächtern«, das religionsphilosophische Hauptwerk der frühen Romantik, das später weltweit auf die Entwicklung der modernen Theologie wirkte.

Aber auch Friedrich Schlegel war höchst aktiv, dies auf verschiedenen Feldern. Der wichtigste Bezugsort außerhalb der Wohngemeinschaft war der Salon von Henriette Herz (1764–1847), in dem sich Schlegel und Schleiermacher kennengelernt hatten. In einem solchen abendlichen Salon, in einem Stadthaus oder einer großbürgerlichen Wohnung, traf man sich zum freien Austausch über Themen der Kunst, der Philosophie, der Politik. Aber natürlich wurde dabei geflirtet, getrunken und getratscht. Die Salons besaßen auch eine gesellschaftliche Bedeutung, denn hier konnten Frauen, die damals noch nicht studieren durften, ihren Bildungsinteressen nachgehen, kamen Menschen aus unterschiedlichen Ständen zusammen, und schließlich waren Juden selbstverständlich integriert oder führend tätig wie Henriette Herz, die Salonière.

In ihrem Haus traf Friedrich Schlegel auf Dorothea Veit (1764–1839), die acht Jahre älter war als er. Sie war sehr früh mit dem Bankier Simon Veit (1754–1819) verheiratet worden und hatte zwei Söhne. Schlegel und sie verliebten sich sofort und begannen eine Affäre, die 1799 zur Scheidung Dorotheas und zu einer öffentlichen Beziehung führte. Allein diese Geschichte sorgte schon für erhebliches Gerede, aber hinzu kam, dass Friedrich Schlegel 1799 den Roman »Lucinde« veröffentlichte, der von einer intensiven Liebesbeziehung handelt. Die Leser mussten ihn geradezu autobiographisch verstehen. Julius und Lucinde, die Liebenden des Romans, wurden also mit Friedrich und Dorothea gleichgesetzt, und tatsächlich bestehen Ähnlichkeiten im Aussehen und Körperbau. Von Lucinde heißt es, dass Julius in ihren Armen seine Jugend wiederfand: »Die üppige Ausbildung ihres schönen Wuchses war für die Wut seiner Liebe und seiner Sinne reizender, wie der frische

1. Anfänge: Wohngemeinschaften in Berlin, Jena und Heidelberg

Reiz der Brüste und der Spiegel eines jungfräulichen Leibes. Die hinreißende Kraft und Wärme ihrer Umschließung war mehr als mädchenhaft; sie hatte einen Anhauch von Begeisterung und Tiefe, den nur eine Mutter haben kann.«[5] Und Julius beschreibt sich so, dass er schön, wenn auch nicht besonders muskulös sei. Im Kampf der Liebe zeige sich dann aber seine Kraft – Friedrich Schlegel besaß offenbar ein gesundes Selbstbewusstsein.

Nicht nur solche intimen Details haben die Leser interessiert und erheitert, sondern auch Szenen, in der er die »fatalen Kleider« von ihr »in schöner Anarchie umherstreute«[6]. Eine falsche Prüderie klagt er als zutiefst erzürnendes Laster an, und manchmal muss sie ihn bitten, doch wenigstens erst einmal die Vorhänge zu schließen. Ganz besonders irritierend wirkte der spielerische Umgang mit der Geschlechterordnung: »wenn wir die Rollen vertauschen und mit kindischer Lust wetteifern, wer den andern täuschender nachäffen kann, ob dir die schonende Heftigkeit des Mannes besser gelingt, oder mir die anziehende Hingebung des Weibes.«[7] Dass Schlegel damit nicht nur provozieren wollte, sondern eine erste Vorstellung von romantischer Liebe entwickelte, in der die Geschlechtergrenzen durchlässig werden, konnten die zeitgenössischen Leser kaum verstehen.

Die jungen Romantiker hatten also schon einen gewissen Ruf in der Öffentlichkeit, als sie kurz darauf eine zweite Wohngemeinschaft gründeten, diesmal in Jena.[8] In einem (heute nicht mehr erhaltenen) Hinterhaus in der Leutragasse lebten August Wilhelm Schlegel und seine Frau Caroline (1763–1809), Friedrich und Dorothea zusammen. Jeder hatte ein eigenes Zimmer, Friedrich hauste ganz oben unterm Dach, unten gab es einen Salonraum, in dem man sich traf, diskutierte und Gäste versammeln konnte. Wieder finden sich die typischen Kennzeichen eines solchen Zusammenlebens: Das Geld ist permanent knapp, so dass die Mahlzeiten improvisiert werden müssen, von einem Gericht aus sauren Gurken, Kartoffeln, Heringen und einer unschmackhaften Wassersuppe ist die Rede. »Im Schlegelschen Haus in Jena gab's Poesie genug, aber keine Ordnung«[9], berichtet eine Besucherin. Für die Haushaltsführung war im wesentlichen Caroline Schlegel verantwortlich, denn in diesem Bereich ging die Gleichberechtigung noch nicht sehr weit, und sie hatte außerordentlich viel zu tun. Sie musste für große Gästerunden kochen und den kalten Winter 1799 bestreiten, als das Holz im ohnehin feuchten Haus knapp wurde. Möbel mussten verkauft werden, um an Geld zu gelangen.

In Wohngemeinschaften gibt es bekanntlich neben inniger Zusammengehörigkeit auch Spannungen und Streit. In Jena stritt man über Literatur und Philosophie, aber auch wegen der Liebesbeziehungen. Im Mittelpunkt stand Caroline Schlegel, die bereits ein turbulentes Leben hinter sich hatte: Politisch war sie als offene Sympathisantin der Französischen Revolution verfolgt und schließlich auch verhaftet worden. Zudem war sie, jung verwitwet und Mutter einer Tochter, als Folge eines unbedachten Faschingsabends in den Armen eines jungen französischen Offiziers wieder schwanger geworden. In dieser Situation hatte die Heirat mit August Wilhelm Schlegel ihr geholfen. Nun aber entfernte sie sich immer weiter von ihrem Ehemann und interessierte sich für ein anderes Mitglied des Romantiker-Kreises, den Philosophen Friedrich Wilhelm Joseph Schelling (1775–1854). Ihm kam sie während einer nächtlichen Kutschfahrt von Weimar nach Jena im angeheiterten Zustand näher. Ihr Ehemann regte sich darüber weniger auf als Friedrich und Dorothea, so dass sich auch das anfänglich gute Verhältnis der Frauen verfinsterte und man sich abschätzig übereinander äußerte (»oberflächlich«, »absichtliche List«, »Gedankenloser Unverstand«, so hagelten die Urteile[10]). Für die Integration in die Bürgerwelt Jenas waren solche Umtriebe nicht günstig, und Feindschaften gab es ohnehin schon reichlich, weil die jungen Romantiker Front gegen ältere Autoren und Strömungen machten, sich mit Friedrich Schiller (1759–1805) überworfen hatten und überhaupt das Gefühl, etwas Besonderes zu sein, nach außen trugen – eine »naseweise, entscheidende, schneidende und einseitige Manier«[11], konstatierte Schiller.

Im November 1799 kam es zum Höhepunkt des Zusammenlebens in Jena, für einige Tage waren die wichtigsten jungen Romantiker unter einem Dach versammelt: die Schlegel-Brüder sowie Dorothea und Caroline, weiterhin Friedrich von Hardenberg (1772–1801), der sich als Dichter Novalis nannte, Ludwig Tieck (1773–1853) und der schon genannte Schelling; der in Berlin gebliebene Schleiermacher wurde brieflich auf dem Laufenden gehalten.[12] Es kam zu neuen Freundschaften innerhalb der Gruppe, so interessierte sich Novalis plötzlich intensiv für Ludwig Tieck, was Friedrich Schlegel, eigentlich der engste Freund von Novalis, eifersüchtig beobachtete. Er nahm Tieck intellektuell nicht ganz ernst, war zudem von einer langen Schreibblockade angegriffen und entsprechend empfindlich. So mussten innerhalb der Gruppe jeder und jede die eigene Position finden und sich in den

1. Anfänge: Wohngemeinschaften in Berlin, Jena und Heidelberg 19

ausgedehnten Diskussionen behaupten – in den erfrischend nüchternen Worten Dorotheas: »Das Christenthum ist hier a l'ordre du jour; die Herrn sind etwas toll. Tieck treibt die Religion wie Schiller das Schicksal; Hardenberg glaubt, Tieck ist ganz und gar seiner Meynung; ich aber will wetten was einer will sie verstehen sich selbst nicht, und einander nicht.«[13]

Die Religion war tatsächlich ein wichtiges Thema in den Texten, die man sich im Hauptraum des Romantikerhauses vortrug. Novalis hatte eine Rede mitgebracht, »Die Christenheit oder Europa«. Darin malte er aus, wie das in der Neuzeit und vor allem seit der Französischen Revolution von 1789 in Weltanschauungen und Parteien zerrissene Europa künftig wiedervereint werden könne: durch eine erneuerte und freie Religion, »die alle nach dem Überirdischen durstige Seelen in ihren Schoß aufnimmt«. Man stritt also auch über gegenwärtige politische Herausforderungen. Die Frage, ob und wie Europa ein Zusammengehörigkeitsgefühl ausbilden kann, wollte Hardenberg mit einem gemeinsamen Geist beantworten, einer religiösen, auf ein Höheres ausgerichteten europäischen Mentalität. Er forderte keine Restauration, wollte nicht zurück zu einer kirchlich gebundenen Ordnung, aber die Menschen sollten glaubensartige Überzeugungen besitzen. Allerdings war man sich darin in der Romantiker-Gruppe gar nicht einig. Der christliche Geruch des Ganzen brachte Schelling in Rage, er bekam geradezu einen »Anfall«. Friedrich Schlegel, der Auseinandersetzungen mochte, stachelte ihn darin weiter auf, so dass Schelling als Antwort auf Novalis über Nacht ein langes Gedicht mit dem Titel »Epikurisch Glaubensbekenntniss Heinz Widerporstens« verfasste. In schwungvoll holpernden und witzigen Versen setzte er alles auf die Karte der Natur: Nicht irgendein Geist, sondern die »Materie sei das einzig Wahre«[14]. Provokant führte er diese Behauptung mit Bezügen auf Braten, Wein und ein schönes weibliches Knie aus, was seine Freunde an Caroline Schlegel denken ließ. Dann aber wurde er philosophisch ernst: Eine Religion sei nur denkbar, wenn sie in der Natur erfahrbar sei, sich »im Stein und Moosgeflechte, / In Blumen, Metallen und allen Dingen / So zu Luft und Licht sich dringen, / In allen Höhen und Tiefen«[15] offenbart. Damit standen sich innerhalb der Gruppe zwei Positionen gegenüber.

Zu diesem Zeitpunkt hatten die Romantiker bereits eine Zeitschrift, das »Athenäum«, gegründet,[16] um ihre Ideen in der Öffentlichkeit bekannt zu machen, und man überlegte nun, ob man Novalis' Rede und das Gedicht von Schelling dort gemeinsam abdrucken sollte. Friedrich Schlegel gefiel diese Idee, denn so würde die Romantik als offen und in sich widersprüchlich erscheinen. Aber es gab auch Bedenken, denn die ersten Hefte der Zeitschrift waren auf Erstaunen und Unverständnis gestoßen. Sollte man weiter Verwirrung stiften und provozieren? War die literarische Öffentlichkeit nicht ohnehin schon verunsichert und ablehnend eingestellt?

Da man sich intern nicht einigen konnte, benötigte man einen Schiedsrichter und beschloss, Johann Wolfgang Goethe (1749–1832) zu fragen. Ihn, gut 20 Jahre älter als die meisten der Jenaer Romantiker, bewunderten sie, gerade wegen seines neuesten Romans, »Wilhelm Meisters Lehrjahre«, und Goethe wiederum war durchaus neugierig auf die Jungen. Das »Athenäum« hatte er Schiller gegenüber als »Wespenneste« verteidigt und darin Liberalität und Tiefe gefunden.[17] Man war sich auch schon persönlich begegnet, gerade während der Novembertage 1799. Auf einem Spaziergang im Jenaer Paradies, einem Naturgebiet an der Saale, war plötzlich »kein andrer als die alte göttliche Excellenz, Goethe selbst« von den umliegenden Hügeln herabgekommen, so berichtete Dorothea, und es hatte sich die Gelegenheit zu einem kleinen Gespräch ergeben. Für sie blieb das »ein grosser, ein ewig dauernder Moment«[18]. Nun sollte Goethe mit seinem Urteil helfen, las Hardenbergs Rede und Schellings Gedicht und riet, beide nicht im »Athenäum« zu veröffentlichen, und damit war die Causa entschieden.

Nach dem Winter 1799 löste sich die romantische Gemeinschaft in Jena langsam auf. Die genannten Liebesgeschichten und Zerwürfnisse gingen so weit, dass Dorothea bei Carolines Abschied aus Jena triumphierend ausrief: »Ich seh sie niemals wieder!«[19] Tieck hatte sich schon vorher über die »Schweinewirthschaft« im Romantikerhaus beklagt und sich abgewendet.[20] Schelling und Schleiermacher entwickelten ihre philosophischen und theologischen Überzeugungen eigenständig und an anderen Orten weiter, die beiden Schlegels suchten den Weg in die Wissenschaft und Kulturvermittlung. Der wichtigste Einschnitt aber war der Tod von Novalis, des wohl kreativsten Kopfs der Gruppe, mit nicht einmal 30 Jahren im Frühling 1801. Die Phase des Aufbruchs war vorbei, aber in ihr hatte man einige höchst folgenreiche Ideen in die Welt gesetzt – dazu im nächsten Kapitel mehr.

Auch im späteren Verlauf der Romantik bildete sich noch einmal eine produktive Wohngemeinschaft. Sie fand 1808 in Heidel-

1. Anfänge: Wohngemeinschaften in Berlin, Jena und Heidelberg

berg zusammen.[21] Während sich die Romantik in Berlin und Jena aus der Philosophie und Kunsttheorie entwickelte, die Ideen im »Athenäum« nur so hervorschossen, interessierte man sich in Heidelberg stärker für die literarische Praxis und besonders für die Form des Lieds. Clemens Brentano (1778–1842) und Achim von Arnim (1781–1831), beide einige Jahre jünger als die erste Romantikergruppe, sammelten alte Lieder, gingen mit diesen aber auch frei um, schrieben neue Lieder im alten Stil und regten damit die Liedproduktion der folgenden Romantiker an. Besonders Joseph von Eichendorff (1788–1857) und Heinrich Heine (1797–1856) profitierten von der großen Liedersammlung »Des Knaben Wunderhorn«. An ihr schulten sie den Stil, entnahmen ihr Motive, studierten Klangeffekte.

Eichendorff hat auch eine Beschreibung der Heidelberger Wohngemeinschaft Arnims und Brentanos geliefert, die sich im »Faulpelz« befand, »einer ehrbaren aber obskuren Kneipe am Schloßberg«[22]. Dort bewohnten sie »einen großen luftigen Saal, dessen sechs Fenster mit der Aussicht über Stadt und Land die herrlichsten Wandgemälde, das herüberfunkelnde Zifferblatt des Kirchturms ihre Stockuhr vorstellte; sonst war wenig von Pracht oder Hausgerät darin zu bemerken.« Die beiden verhielten sich »untereinander aber wie ein seltsames Ehepaar, wovon der ruhige mild-ernste Arnim den Mann, der ewig bewegliche Brentano den weiblichen Part machte«[23]. Wieder findet sich das aus der »Lucinde« bekannte Spiel mit den Geschlechterrollen.

Für Brentano interessierte sich Eichendorff, der als junger literaturbegeisterter Jura-Student nach Heidelberg gekommen war, besonders, ihn verehrte er als genialen Lyriker. Brentanos Temperament sei mit einem Gedicht zu vergleichen, »das, nach Art der Volkslieder, oft unbeschreiblich rührend, plötzlich und ohne sichtbaren Übergang in sein Gegenteil umschlug und sich beständig in überraschenden Sprüngen bewegte. [...] Klein, gewandt und südlichen Ausdrucks, mit wunderbar schönen, fast geisterhaften Augen war er wahrhaft zauberisch, wenn er selbstkomponierte Lieder oft aus dem Stegreif zur Gitarre sang.«[24] Solche exzentrischen Wesenszüge weisen einige Romantiker auf, und in Brentanos Fall schlagen sie sich in seinen Briefen nieder, deren Sätze nicht enden wollen, in seinen Gedichten, die Sprache in Musik verwandeln, und in den Wechselverhältnissen seiner Lebensgeschichte. Diese führte ihn über zahlreiche Ortswechsel und ebenso intensive wie schwierige Liebesverhältnisse zu seinem katholischen Glauben zurück, den er allerdings auch wieder eigenwillig interpretierte und betrieb.

Wohngemeinschaften in Berlin, Jena und Heidelberg – das sind die Anfänge, in denen sich ein gemeinsames Bewusstsein herausbildet. Auch wenn es, wie gesehen, zu Auseinandersetzungen kam, wusste man doch, dass man zu einer literarischen Gruppe gehörte, in der man Überzeugungen und Redeweisen teilte. Wenn Friedrich Schlegel zum Beispiel erklärte: »Die Französische Revolution, Fichtes Wissenschaftslehre, und Goethes Meister sind die größten Tendenzen des Zeitalters«[25], dann konnte er davon ausgehen, dass die romantische Gruppe dem zustimmte. Der Zusammenbruch der alteuropäischen Gesellschaftsordnung (sowie die Versuche der Neugestaltung), die aktuelle Philosophie des Bewusstseins von Johann Gottlieb Fichte (1762–1814) und die literarische Innovation, für die Goethes Roman »Wilhelm Meisters Lehrjahre« (1795) als Beispiel steht, bestimmen die eigene Gegenwart für die Romantiker am stärksten. Dass Außenstehende eine solche Behauptung nicht verstehen, ihr nicht zustimmen oder sich über sie ärgern, gehört dazu und erhöht gerade den Reiz. Mit ungewöhnlichen Zusammenstellungen und starken Behauptungen operierten die jungen Romantiker gerne. Um ein wenig zu provozieren, fährt Schlegel daher fort, dass derjenige, der diese Aussage nicht verstehe, »sich noch nicht auf den hohen weiten Standpunkt der Geschichte der Menschheit erhoben«[26] habe – den man selbst, so ließe sich wohl ergänzen, schon erklommen zu haben glaubt.

Die Romantikergruppe besitzt also ein Bewusstsein ihrer Exklusivität, verbunden mit der Vorstellung, den Anbruch eines neuen Zeitalters zu erleben: »Doch was ist nicht zu erwarten von einer Zeit, welche so offenbar die Grenze ist zwischen zwei verschiedenen Ordnungen der Dinge!«, ruft Schleiermacher am Ende seiner Religions-Reden aus.[27] Da man selbst jung ist, gehört einem die Zukunft, an deren Heraufziehen man maßgeblich beteiligt ist, und die anderen, zum Beispiel die Vertreter der späten Aufklärung, erklärt man zur Vergangenheit. Diese Gegner haben aber auch ihre Fähigkeiten und besitzen einen scharfen Blick für fragwürdige Anteile der Romantik. So spottet ein Vertreter der Spätaufklärung, der strenge Rationalist Friedrich Nicolai (1733–1811), über die romantische Gruppe, »welche man wohl den geheiligten Kreis nennen kann; denn sie hielten sich wechselweise für die Auserwählten«[28]. Dann spießt er ihre Binnendynamik und die Mechanismen der Selbstbestätigung auf:

1. Anfänge: Wohngemeinschaften in Berlin, Jena und Heidelberg

Sie sagten einer dem andern ganz ernstlich, es sey das ganze gelehrte Deutschland auf ihr Beginnen höchst aufmerksam, oder sollte es doch seyn, und durch oftmaliges Sagen und Wiedersagen in ihrem kleinen Kreise, glaubten sie endlich ganz ehrbar, über ihre neuesten auf den transscendentalen Idealismus gebaueten Schriftchen wäre das ganze Zeitalter in der äußersten Spannung, und das glauben die guten Leute wirklich noch, weil dieser Glaube sie so sehr glücklich macht![29]

Die Romantiker schlagen, wie zu erwarten, umgehend zurück. Es entstehen Streitschriften und sogar Karikaturen, auf denen die verfeindeten Parteien im Kampf gegeneinander antreten.[30] Aber neben die große Geste kann bei den jungen Wilden ganz plötzlich auch das Selbstmitleid treten, und dann wendet man sich wieder an Goethe: »Die Absicht uns sämtlich nicht aufkommen zu lassen, liegt nur allzudeutlich am Tage«, klagt August Wilhelm Schlegel ihm vor.[31]

Um ihre Ideen unabhängig von fremden Herausgebern und konzentriert in die Öffentlichkeit zu bringen, hatten die Romantiker die schon genannte Zeitschrift »Athenäum« gegründet. Das war damals der übliche literarische Weg, und viele Zeitschriften, oft in einfacher drucktechnischer Ausstattung, existierten nebeneinander oder nacheinander. Die meisten von ihnen hatten kein langes Leben, weil sie viel Einsatz erforderten, aber bei allem Enthusiasmus wenig Geld einbrachten. So erschien Schillers Zeitschrift »Die Horen« von 1795 bis 1797, und auch das »Athenäum« brachte es nur auf die Jahrgänge von 1798 bis 1800 mit insgesamt sechs Heften. Das Publikum für solche Vorhaben, die ein noch unbekanntes künstlerisches und intellektuelles Programm vertraten und es dabei weiterentwickelten, war ohnehin klein, und im Fall des »Athenäum« kam hinzu, dass auch gutwillige Leser schlicht nicht verstanden, was dort in seltsamer Begrifflichkeit und in ungewohnten Formen präsentiert wurde.

Im Nachhinein sieht man, dass im »Athenäum« der Kern eines Programms enthalten war, das seitdem und bis in die Gegenwart immer wieder Künstler anregte und aus dem sich jenes Lebensgefühl entwickelte, das wir bis heute ›romantisch‹ nennen. Heute ist es auch nicht ungewöhnlich, dass Sätze wie: »Die romantische Poesie ist eine progressive Universalpoesie«[32] in Schulbüchern stehen und an Universitäten diskutiert werden. Aber damals war das alles neu, gab es keine helfenden Erklärungen, und die Romantiker forcierten die Unverständlichkeit, weil sie philosophisches und anderes Fachvokabular verwendeten, ungewohnte Sprachkombinationen und neue Bilder erfanden, um ihre Ideen auszudrücken.

1. Anfänge: Wohngemeinschaften in Berlin, Jena und Heidelberg

Bewusst gaben sie sich als Avantgarde, die von der Masse nicht verstanden werden könne.

Die Unverständlichkeit diente ihnen manchmal geradezu als Wahrheitsbeweis, weil höhere Einsichten notwendigerweise irritierend wirken. So beendete Friedrich Schlegel das letzte Heft des »Athenäum« mit dem Aufsatz »Über die Unverständlichkeit«. Darin machte er sich, halb ernst, halb spöttisch, Gedanken, warum die Leser so vieles in seiner Zeitschrift nicht verstanden hatten, so zum Beispiel das oben zitierte Fragment über die »größten Tendenzen des Zeitalters«, das er doch »in der redlichsten Absicht und fast ohne alle Ironie« geschrieben habe. In einer komischen Zukunftsschau spricht er von einer Zeit, in der jeder »die Fragmente mit vielem Behagen und Vergnügen in den Verdauungsstunden genießen« könne und keinen »Nußknacker« benötigen werde, um sie zu verstehen, und dann werde man auch seine »Lucinde« als unschuldig empfinden.[33] Mit Spott über die Leser und über sich selbst endete das Unternehmen »Athenäum«, das aus den romantischen Wohngemeinschaften hervorgegangen war. Begonnen hatte die Zeitschrift im ersten Heft 1798 mit einem Satz von Novalis, der bereits die zündende Idee der Romantiker enthält.

2. Die zündende Idee:
»Wir suchen überall das Unbedingte,
und finden immer nur Dinge« (Novalis)

»Blüthenstaub«, das ist die erste Veröffentlichung von Novalis, wie sich Friedrich von Hardenberg als romantischer Autor nannte. Er verstand diesen Namen so, dass er zu jenen gehörte, die Neuland roden (»de Novali«), und zu dieser Vorstellung passt das Motto der Sammlung von Fragmenten, also von knappen, bewusst nicht vollständig ausgeführten Gedanken: »Freunde, der Boden ist arm, wir müßen reichlichen Samen / Ausstreun, daß uns doch nur mäßige Erndten gedeihn.«[1] Als solche Samen sind die Fragmente zu verstehen, und ob sie aufgehen und wachsen, hängt von der Gedankentätigkeit der Leser ab, die nicht nur etwas verstehen, sondern es in sich entwickeln sollen.

»Wir suchen überall das Unbedingte, und finden immer nur Dinge.«[2] Das ist das erste Fragment, kurz und markant. So stellt sich Novalis als Autor mit Mitte zwanzig der Öffentlichkeit vor.[3] Wer ist mit diesem »Wir« gemeint? Da es keinen Bezug für das Pronomen gibt, hat es die größtmögliche Bedeutung: alle Menschen. Novalis will also etwas über das Wesen des Menschen sagen, oder darüber, wie Menschen sein sollen. Demnach suchen wir etwas, vollziehen eine Bewegung, die auf ein Ziel gerichtet ist – aber diese Suche ist eine besondere, weil sie ihr Ziel nicht erreicht. Und mehr noch: Das Ziel wird nicht nur aus irgendwelchen zufälligen Gründen verfehlt, sondern es ist nie zu erreichen. Man muss zwar irgendeine Vorstellung vom Ziel haben, denn sonst könnte man gar nicht suchen, aber die Suche ist endlos und sie findet »überall« statt. Eines der Gefühle, die man auch heute noch mit den Begriffen ›Romantik‹ und ›romantisch‹ verbindet, ist die Sehnsucht. Sie lässt sich aus dem Novalis-Fragment herleiten: Wer etwas sucht, das nicht zu finden ist, kann sehnsüchtig in die Ferne blicken.

Schwieriger wird es mit dem Begriff des »Unbedingten«. Was ist damit gemeint? Geht man vom Wort aus, dann ist das Unbedingte etwas, das nicht von Bedingungen abhängig ist. Das ist nur schwer vorstellbar, weil unsere gesamte Lebenspraxis ununterbrochen von Bedingungen bestimmt wird: von körperlichen Vorgaben, die man nur begrenzt ändern kann, von psychischen Prägungen (Eltern!) oder vom sozialen Eingebundensein mit allem Glück und vielen Pflichten. Die Erfahrung des Unbedingten ist also nicht einfach zu machen, auch wenn gegenwärtig viele Menschen versuchen, einmal ›von allem loszukommen‹, sich ganz frei zu fühlen, beim morgendlichen Yoga zum Beispiel.

Eine zweite Bedeutung, in der das Wort heute gebraucht wird, findet sich in Sätzen wie: »Du musst unbedingt zu mir kommen«, »du musst unbedingt zum Arzt gehen« oder »10 Dinge, die man in Kapstadt unbedingt sehen muss«. Hier hat ›unbedingt‹ die Bedeutung von ›auf alle Fälle‹ oder ›zweifellos‹. Das Unbedingte ist damit etwas, das ohne jede Einschränkung, das absolut gültig ist. Es hat also etwas mit Wahrheit und Gewissheit zu tun.

Für Novalis und seine Leser hatte der Begriff aber noch eine weitergehende Bedeutung. Diese ist mit einem Einschnitt in der Philosophie, besonders mit Immanuel Kant (1724–1804) sowie dem schon genannten Johann Gottlieb Fichte verbunden. Am Anfang der neuen Philosophie, die Friedrich Schlegel zu den »größten Tendenzen des Zeitalters« zählte, steht das menschliche Bewusstsein. Was wir über die Welt wissen, ist von unserer Wahrnehmung und von unserem Verstand abhängig. Unsere Wahrnehmung aber ist zwingend an die Formen von Raum und Zeit gebunden, und unser Verstand ordnet die Welt kausal, indem er eine Erscheinung naturgesetzlich auf die andere bezieht und so Abhängigkeitsketten herstellt. Die Welt erscheint uns daher so, wie sie unser Bewusstseinsapparat strukturiert, unsere Erkenntnis ist von Vorgaben bestimmt; »Transzendentalphilosophie« wird diese Philosophie auch genannt, die nach den Bedingungen und Möglichkeiten der Erkenntnis fragt.

Wenn sich das Bewusstsein wie ein Filter zwischen die Welt und den Menschen schiebt, dann hat dies gravierende Folgen für die Reichweite und die Haltbarkeit unserer Aussagen. Nach der transzendentalphilosophischen Wende durch Kant kann man kein sicheres Wissen mehr über das ›Wesen der Dinge‹, über etwas ewig Gültiges, über Gott oder die unsterbliche Seele haben, denn zu solchen Garanten gibt es durch die reine Vernunft keinen Zugang. Das stabilisierende Gefühl, Teil einer großen Ordnung und in ihr aufgehoben zu sein, ist gefährdet, und daher wird Kant bis heu-

2. Die zündende Idee

te als erster nachmetaphysischer Denker angesehen. Kant brachte uns bei, so erklärt es gegenwärtig Jürgen Habermas, dass der menschliche Verstand auf innerweltliche Phänomene zugeschnitten ist und daher nicht die Welt im Ganzen erfassen kann. Davon sind nicht nur Aussagen über Gott, sondern auch über ein ›Ziel der Geschichte‹ oder eine ›Botschaft der Natur‹ und andere derartige Zugriffe auf höchste Prinzipien betroffen.[4]

Das alles gehört in den Bereich des Unbedingten. Kant bestimmt »das Unbedingte« als etwas, »was uns notwendig über die Grenze der Erfahrung und aller Erscheinungen hinaus zu gehen treibt«[5], wohingegen »in Raum und Zeit alles bedingt«[6] ist. Das Unbedingte ist also »in der Natur, d. i. in der Sinnenwelt schlechterdings nicht anzutreffen«[7]. Damit ist man wieder beim Fragment von Novalis und beim Ausgangspunkt der Romantik angelangt, und jetzt ist klar geworden, warum das Unbedingte nicht zu finden ist und man stattdessen immer nur auf Dinge stößt.[8] Wir bleiben, so sagen die Romantiker, in der uns umgebenden Welt, in der alle Einsichten vorläufig sind. Es gibt noch eine andere Welt, die sich aber dem Zugriff entzieht.

Romantiker wissen um die Grenzen der Erkenntnis, und sie gestalten die unvollständige Einsicht künstlerisch. So etwa Caspar David Friedrich (1774–1840), wenn er einen Menschen hoch in einer Landschaft positioniert, die unter dem Nebel verborgen liegt (»Der Wanderer über dem Nebelmeer«), oder eine Frau an ein Fenster stellt, aus dem sie ins Offene hinausblickt, aber so, dass wir als Betrachter nur ausschnitthaft erkennen können, was sie sieht (»Frau am Fenster«). Ihren sinnlichen Eindruck, ihren Blick auf einen Fluss, ein vorbeifahrendes Schiff und in die Ferne, müssen wir ergänzen, müssen ihn uns ausmalen. Man hat hier in Anlehnung an die Philosophie von einer »Transzendentalmalerei« gesprochen.[9]

Anders als es ein Klischee will, begehen Romantiker aber keine Weltflucht, und sie befinden sich auch nicht dauerhaft im Zustand der Träumerei. Sie wissen, dass wir in die uns vertraute Welt mit allen ihren körperlichen, psychischen und sozialen Bedingungen gehören. Aber etwas in ihnen gibt sich mit den bekannten und erreichten Zuständen nicht zufrieden. Es soll keinen dauerhaften Stillstand und kein völliges Einverstanden-Sein geben.

Wieder lässt sich dies mit Novalis erklären, der vor seiner ersten Veröffentlichung im »Athenäum« ausgedehnte Studien betrieb. Er las zahlreiche Texte Fichtes, wertete sie aus, kommentierte sie und entwickelte daraus suchend und tastend eigene Ideen. Diese sogenannten »Fichte-Studien« aus den Jahren 1795/96 sind zum größten Teil schwer verständlich, aber man findet einzelne Notizen, in denen plötzlich die Gedanken zusammenfinden und etwas eigenes Neues entsteht:

> Alles Filosofiren muß also bey einem absoluten Grunde endigen. Wenn dieser nun nicht gegeben wäre, […] so wäre der Trieb zu Filosophiren eine unendliche Thätigkeit – und darum ohne Ende, weil ein ewiges Bedürfniß nach einem absoluten Grunde vorhanden wäre, das doch nur relativ gestillt werden könnte – und darum nie aufhören würde. Durch das freywillige Entsagen des Absoluten entsteht die unendliche freye Thätigkeit in uns – das Einzig mögliche Absolute, was uns gegeben werden kann […]. Dies uns gegebne Absolute läßt sich nur negativ erkennen, indem wir handeln und finden, daß durch kein Handeln das erreicht wird, was wir suchen.[10]

Zuerst stellt Novalis fest, dass alles Philosophieren oder auch alles Nachdenken, das sich auf große Lebensfragen richtet, bei einem »absoluten Grund« ankommen will. Dies ist wieder ein philosophischer Begriff: Der »Grund« ist das, was ein Objekt bestimmt. Alle Erscheinungen in der Welt haben Gründe, aus denen sie hervorgehen. In den Naturwissenschaften zum Beispiel wird intensiv danach gefragt, woraus Phänomene resultieren und wovon sie bestimmt werden, aber auch das soziale Verhalten von Menschen versucht man in dieser Weise zu verstehen. Der »absolute Grund« ist der Grund, bei dem nicht weiter gefragt werden kann, der nicht mehr aus etwas anderem hervorgegangen ist. Er ist die erste Ursache aller Dinge, der Grund, dem sie entstammen, und daher ist er der alten Vorstellung des Welt-Schöpfers verwandt. Die Suche nach dem »Unbedingten«, die im »Blüthenstaub«-Fragment begegnet war, ist also die Sehnsucht, genau diesen absoluten Grund zu finden, der außerhalb der uns zugänglichen Welt liegt.

Nun folgt die romantische Wendung, mit der das gesamte Programm in Gang gesetzt wird: Wir geraten in eine »unendliche« Tätigkeit, werden nie mit dem Fragen, Nachdenken und Suchen fertig. Es gibt nur relative Stillungen des Verlangens nach Gewissheit, es gibt vielleicht einzelne Momente der Erkenntnis oder auch lebensgeschichtliche Fortschritte, aber kein Ankommen. Doch wenn man das Absolute nie finden kann, woher weiß man dann überhaupt, dass es existiert? Weil wir mit dem, was wir finden, so behaupten die Romantiker, nie vollständig zufrieden sind oder ganz übereinstimmen. Es gibt einen Stachel, der uns antreibt. Das romantische

2. Die zündende Idee

Grundgefühl ist das eines existentiellen Mangels und der daraus hervorgehenden Sehnsucht, die einen erreichten Zustand öffnen und weiten will. Die Tatsache, dass es eine unstillbare Sehnsucht gibt, dass wir immer weitersuchen, führt also dazu, dass das Höchste von den Romantikern neu definiert wird: Die Sehnsucht selbst ist »das Einzig mögliche Absolute«, das wir feststellen können.

Damit lässt sich die Romantik auch von anderen Weltanschauungen abgrenzen. Denn ein gläubiger Mensch, jedenfalls wenn er einer monotheistischen Religion angehört, würde die Behauptung von Novalis nicht teilen. Zwar wissen religiöse Menschen um den Abstand zwischen Gott und der Welt, darum, dass unser Wissen Stückwerk ist, aber sie würden zum Beispiel fest sagen können, dass Gott sich in der Welt offenbart hat, und sie können auch einige Aussagen über Gottes Willen treffen, die sie zum Beispiel in der Bibel finden. Ein Romantiker würde hingegen sagen: ›Es kann auch sein, dass es gar kein absolutes Prinzip gibt, aber ich nehme es trotzdem als Regulativ an, weil ich nur so erklären kann, dass die Ursache für alles, was ich tue und denke, eine innere, unstillbare Sehnsucht ist.‹

Ähnliches wie für religiöse Gewissheiten gilt für philosophische und politische Wahrheiten, wenn diese auf starken Prinzipien beruhen. So hat der Philosoph Georg Friedrich Wilhelm Hegel (1770–1831) behauptet, dass die Weltgeschichte festen Gesetzmäßigkeiten folge, die Menschen auch erkennen können. Die Romantiker kritisierte er als prinzipienlos, denn Sehnsucht und Suche geben dem Menschen kein Fundament. Politisch gewendet hat man im Marxismus und Kommunismus des 19. und 20. Jahrhunderts solche Gesetze nicht nur erkannt, sondern auch aktiv und unter Einsatz von Zwangsmitteln versucht, die Geschichte auf ein Endziel hin zu steuern. Romantiker sind nicht im Besitz solcher Gewissheiten, und Wahrheitsfuror ist ihnen verdächtig. Auch gegenüber esoterischen Lehren, wenn diese einen Schlüssel zur Erlösung anbieten oder sämtliche Probleme auf ein einziges reduzieren, das hinter allem steckt, verhalten sie sich skeptisch.

Aber Romantiker sind wiederum nicht so skeptisch, dass sie das Nachdenken über einen letzten Grund der Welt aufgeben und sich auf die vorletzten und lösbaren Fragen konzentrieren würden. Denn auch das ist um 1800 schon eine Option (und heute umso mehr): gar nicht über letzte Fragen und über Zustände nachzudenken, in denen man von allen Zweifeln und allen Einschränkungen befreit ist. Warum überhaupt an den Grenzen der Erkenntnis rütteln? Lenkt die Suche nach einer unbedingten Wahrheit nicht von viel wichtigeren konkreten Herausforderungen im Bereich der Politik, der Wirtschaft, im Umgang mit der Umwelt oder im sozialen Zusammenleben ab? Oder warum nicht vollständig zufrieden sein, wenn man ein gesundes, materiell einigermaßen abgesichertes Leben im Rahmen einer Familie oder in einem Kreis von Freunden führt? Über begrenzte Ziele und Erfüllungen hinaus gibt es dann einfach nichts, und das Fragen und Suchen würde nur psychische Energie verschwenden. Eine solche Lebensführung ist möglich, aus romantischer Sicht aber unbefriedigend.

Der romantische Weg verläuft also zwischen der Wahrheitsbehauptung und der Skepsis und enthält beides: An der Idee einer letzten Wahrheit wird festgehalten, doch wird diese als unerreichbar angesehen. Aber man kann nach ihr suchen und sich ihr zumindest annähern. Was Novalis philosophisch formuliert und »unendliche freye Thätigkeit« nennt, das führt in romantischen Romanen, Erzählungen und Liedern dazu, dass Menschen in Bewegung gesetzt werden. Dieses manchmal seltsam wirkende ständige Umherwandern geht aus den ersten philosophischen Ideen hervor, auch dort, wo diese nicht mehr explizit formuliert werden.[11]

So beginnt Joseph von Eichendorffs Erzählung »Aus dem Leben eines Taugenichts« mit der Beschreibung einer Mühle, des einsetzenden Frühlings, mit einem kurzen Auftritt des Vaters, und bereits nach einer halben Seite beschließt die Titelfigur, in die Welt zu gehen:

Ich ging also in das Haus hinein und holte meine Geige, die ich recht artig spielte, von der Wand, mein Vater gab mir noch einige Groschen Geld mit auf den Weg, und so schlenderte ich durch das lange Dorf hinaus. Ich hatte recht meine heimliche Freud', als ich da alle meine alten Bekannten und Kameraden rechts und links, wie gestern und vorgestern und immerdar, zur Arbeit hinausziehen, graben und pflügen sah, während ich so in die freie Welt hinausstrich.[12]

Die Mitmenschen sind in regelmäßigen Abläufen gefangen, aber für den Taugenichts soll das Leben nicht »wie gestern und vorgestern und immerdar« verlaufen. Er bekräftigt seine Haltung mit dem Lied, das er, auf der Landstraße fortgehend, singt: »Wem Gott will rechte Gunst erweisen, / Den schickt er in die weite Welt«[13]. Bezeichnenderweise endet der Roman, der den Helden in eine wilde, sprunghafte und oft undurchschaubare Bewegung und Suche

2. Die zündende Idee 31

hineinführt, dort, wo der Protagonist seine Geliebte gefunden hat und die Hochzeit vor der Tür steht. Damit scheint seine Bewegung beendet zu sein, er hat sich entschieden und festgelegt. Allerdings bleibt weiterhin eine Tür in die Freiheit geöffnet, wenn der Taugenichts ausruft: »und gleich nach der Trauung reisen wir fort nach Italien, nach Rom, da gehn die schönen Wasserkünste, und nehmen die Prager Studenten mit und den Portier!«[14]

Auch im »Taugenichts« (1826) wirkt damit die zündende Idee, die in der Frühphase der Romantik formuliert wurde. Aus ihr lassen sich die Sehnsucht, das Mangelgefühl und die Bewegung romantischer Figuren ableiten, und sie äußert sich auch in ganz unphilosophischer, liedhaft-einfacher Form. Ein eindrucksvolles Beispiel hierfür ist Eichendorffs »Mondnacht« (1835). Es handelt sich um eines der bekanntesten Gedichte der Romantik, das bis heute nicht nur gelesen oder in der Vertonung von Robert Schumann (1810–1856) gehört, sondern auch praktisch verwendet wird, zum Beispiel in Traueranzeigen. Da es viele Jahrzehnte nach den Fragmenten von Novalis entstanden ist, kann es auch zeigen, dass die Idee vom Verhältnis der »Dinge« zum »Unbedingten« die gesamte Romantik bestimmt:

> Es war, als hätt' der Himmel
> Die Erde still geküßt,
> Daß sie im Blüten-Schimmer
> Von ihm nun träumen müßt'.
>
> Die Luft ging durch die Felder,
> Die Ähren wogten sacht,
> Es rauschten leis die Wälder,
> So sternklar war die Nacht.
>
> Und meine Seele spannte
> Weit ihre Flügel aus,
> Flog durch die stillen Lande,
> Als flöge sie nach Haus.[15]

Beschrieben wird eine spätsommerliche Landschaft mit einem Getreidefeld, das leicht vom Wind bewegt wird. Diese Bewegung des Windes ist in den Wäldern als Rauschen zu hören, so sagt es die mittlere, die einfachste Strophe. Am Anfang des Gedichts steht die Vorstellung einer Einheit von Himmel und Erde: Die Erde träumt vom Himmel, der sie geküsst hat. Die in der Nacht zu sehenden Blütenschimmer sind Ergebnis dieses Kusses und Zeichen der nach oben gerichteten Sehnsucht. Wenn das Gedicht in der ersten Strophe auf Einheit und Ganzheit zielt, bestätigt dies die zweite Strophe, denn der Wind verbindet Wälder und Felder, und am Ende dieser zweiten Strophe richtet sich der Blick wieder zum anfänglich genannten Himmel, der sternklar ist.

In der dritten Strophe spricht ein Ich, damit wird es komplizierter. Das Ich beschreibt seine Empfindungen mit Hilfe einer Metapher, stellt sich die Seele als Vogel vor, der die Landschaft durchfliegt. Der Begriff der Seele bezeichnet die geistigen Anteile des Menschen sowie sein Gefühlsleben, und dieser Teil des Menschen möchte sich zu einem Ort bewegen, der »nach Haus« genannt wird. Was ist damit gemeint? Offenbar nicht nur ein idealer Wohnort, sondern der Ort, an den man eigentlich gehört, wo man dauerhafte Zugehörigkeit empfindet, bleiben kann, sich nicht fremd fühlt, sondern geschützt ist – die offene Formulierung kann von den Lesern individuell gefüllt werden.

Aber der gesamte Komplex steht im Konjunktiv, so dass also keine Behauptung aufgestellt, sondern nur eine Vorstellung entwickelt wird: Wir können uns vorstellen, dass die Seele nach Hause fliegt, es ist möglich, dass es ein echtes, nicht nur zeitlich begrenztes Zuhause für uns gibt. Grammatisch betrachtet, lässt sich nicht entscheiden, ob dieser Konjunktiv ein Potentialis ist, der eine Möglichkeit eröffnet, oder ein Irrealis, der eine Illusion benennt. Dadurch ist das Gedicht für verschiedene Lesergruppen interessant, kann von einem gläubigen Menschen so gelesen werden, dass es eine zukünftige Erlösung ausmalt, von einem Skeptiker dagegen so, dass es nur eine Hoffnung beschreibt, der Menschen immer wieder gefolgt sind. In jedem Fall stellt Eichendorffs »Mondnacht«, und deshalb handelt es sich um ein romantisches Lied, eine Bewegung dar, von der nicht sicher ist, ob sie zum erhofften Ziel führt.

Bezieht man Eichendorffs »Mondnacht« auf Novalis und die romantische Philosophie, dann spielt das Gedicht in der Welt der Dinge, die aus dem Naturraum, der Jahres- und Tageszeit sowie dem Subjekt und seiner Psyche besteht. Aus dieser Welt richten sich die Gedanken auf das »Unbedingte«, das in der Vorstellung eines Kusses von Himmel und Erde und vor allem in der Formel »nach Haus« steckt. Thema des Gedichts ist, formuliert man es mit den »Fichte-Studien«, das »Bedürfniß nach einem absoluten Grunde«. In der Vorstellung eines Flugs durch die sternenklare Nacht erlebt das Ich eine Befreiung von allen Bedingungen, aber

2. Die zündende Idee

eben nur in der Phantasie und ohne dass es ein klar benennbares Ziel der eigenen Bewegung gäbe. Romantik erweist sich als Form, mit unserem Nicht-Wissen umzugehen und die Frage nach einer letzten Zugehörigkeit weiterhin zu stellen.

Solche Vorgehensweisen gibt es in dieser Zeit aber nicht nur in Deutschland und Europa, sondern auch in Nordamerika. Eine Entsprechung zu Eichendorffs Wandern findet sich im zwischen 1851 und 1860 entstandenen Essay »Walking« von Henry David Thoreau (1817–1862).[16] Er wird dem Transzendentalismus zugeordnet, einer Strömung, die mit Ralph Waldo Emerson (1803–1882) einsetzt. Darin wird Natur genau und detailreich geschildert und gleichzeitig als Raum religiöser Erfahrung dargestellt – aber so, dass die Grenzüberschreitung vorläufig bleibt, also romantisch. Im erzählenden Essay »Walking« spricht Thoreau von täglichen mehrstündigen Wanderungen durch Wälder und Felder, die er eindringlich beschreibt. Er streut moralische und gesellschaftliche Überlegungen ein, aber er irritiert auch mit Aussagen wie jener, dass er immer nach Südwesten gehe, wo seine »Zukunft« liege. Dass es ihm nicht nur um eine gesunde Bewegung im Freien und um mehr als Selbsttherapie zu tun ist, zeigt der daran anschließende Satz: »Die Grenzlinie meiner Spaziergänge gleicht keinem Kreis, sondern einer Parabel oder vielmehr der Bahn eines jener Kometen, von denen man annimmt, sie seien nicht periodisch, und öffnet sich nach Westen, wobei mein Haus den Platz der Sonne einnimmt«.[17] Parabelformen, also Kurven mit unendlicher Ausdehnung, hat auch Caspar David Friedrich in seinen Bildern verwendet – dazu später mehr. Die Bahn des Kometen steht hier für die Unvorhersehbarkeit des eigenen Lebenslaufs, und in der Ferne stellt sich auch der amerikanische Wanderer sein »Haus« vor.

Dabei hütet sich dieser weltliche Pilger vor allen religiösen Festlegungen: »Das Höchste, was wir erlangen können, ist nicht Wissen, sondern eine Art Offenheit für Einsichten.«[18] Besonders eindrucksvoll fällt der Schluss von »Walking« aus, weil der Leser mitvollziehen kann, wie aus dem Gang über eine Wiese, auf der ein kleiner Bach entspringt, im Sonnenuntergang, der die »Blätter der Zwergeichen auf der Hügelflanke«[19] beleuchtet, eine Ahnung des Paradieses wird. Thoreau wechselt hier kunstvoll die Zeiten vom Imperfekt über das Präsens bis zum Futur, um sprachlich die Aufhebung der Zeit in der Ewigkeit anzudeuten. Ebenso spricht er gleichzeitig vom Sonnenuntergang und vom Morgenlicht:

I was walking in a meadow, the source of a small brook, when the sun at last, just before setting, after a cold gray day, reached a clear stratum in the horizon, and the softest, brightest morning sunlight fell on the dry grass and on the stems of the trees in the opposite horizon, and on the leaves of the shrub-oaks on the hill-side, while our shadows stretched long over the meadow eastward, as if we were the only motes in its beams. It was such a light as we could not have imagined a moment before, and the air also was so warm and serene that nothing was wanting to make a paradise of that meadow.[20]

Die Sonne im Rücken des Wanderers erscheint wie ein Hirte, der am Abend nach Hause treibt. Am Schluss heißt es: »So schlendern wir zum heiligen Land, bis eines Tages die Sonne heller scheinen wird, als sie es je getan hat. Vielleicht wird sie bis in unseren Geist und unser Herz scheinen und unser ganzes Leben in ein großes, erweckendes Licht tauchen – warm und friedlich und golden wie ein Flußufer im Herbst.«[21] Das Leben als ein fortwährendes Spazieren, doch ohne Eile, denn am Ziel wird bestimmt das Paradies warten. Angekommen sind die Wanderer noch nicht, und die Erweckung ist mit einem »vielleicht« versehen, aber hoffen und nach ihr suchen in der Welt der Dinge soll man unbedingt. So könnte es möglich werden, einen Vorgeschmack des Paradieses schon auf der Erde zu erfahren – und dafür reicht es vielleicht schon aus, den Blick über ein friedliches, herbstliches Flussufer schweifen zu lassen.

3. »Romantisieren«: dem eigenen Leben Bedeutung verleihen

Die Romantiker zielen auf höchste Erfahrungen, aber sie betreiben keine Weltflucht oder Weltverneinung. Schon das erste »Blüthenstaub«-Fragment »Wir suchen überall das Unbedingte, und finden immer nur Dinge« sagt ja auch: Alles, was wir kennen und uns aneignen können, ist die Welt der Dinge. Es kommt darauf an, die uns umgebenden Gegenstände und unsere Lebensvollzüge so anzusehen, dass sie auf das Unbedingte hinweisen, dass sie Bedeutung erhalten, wertvoll werden. So hat Novalis den Vorgang bestimmt, den er »Romantisieren« nannte. Dabei soll man »dem Gemeinen einen hohen Sinn, dem Gewöhnlichen ein geheimnißvolles Ansehn, dem Bekannten die Würde des Unbekannten, dem Endlichen einen unendlichen Schein«[1] verleihen. Das Gewöhnliche ist also das Material des Romantikers, das bearbeitet wird, nicht zwingend die Sondersituation oder das Seltsame. Umgekehrt verläuft der Vorgang für das »Höhere, Unbekannte, Mystische«, das auf den Boden der Tatsachen herabgeholt wird, »einen geläufigen Ausdruck«[2] erhält, wie Novalis fordert.

Wie soll man sich das genauer vorstellen? Die romantischen Autoren liefern kein ausgearbeitetes Programm, dem man folgen soll, sondern geben Hinweise, um die Eigentätigkeit in Gang zu setzen. Sie haben eine hohe Meinung von der Freiheit der Leser. Daher verwenden sie die schon öfter genannte Form des Fragments, eines absichtlichen Bruchstücks, das auf etwas Ganzes hinweist.[3] Dieses Ganze ist aber nicht oder noch nicht vorhanden. Ob das gegenwärtige Teil jemals vervollständigt wird, weiß man nicht, aber die Leser sollen die romantischen Anfänge fortsetzen und lebenspraktisch weiterschreiben. Fragmente sind angefangene Äußerungen, die weitergeführt werden sollen. Wieder tritt der romantische Prozessgedanke hervor: Wahrheit ist nichts Vorhandenes, auf sie wird hingedeutet, sie soll in die Welt gebracht werden.

»Jeder geliebte Gegenstand ist der Mittelpunct eines Paradieses«, so heißt eines der kürzesten Fragmente der Sammlung

»Blüthenstaub« (Nr. 50).[4] Offenkundig soll man nicht einfach zustimmend nicken, sondern sich überlegen, was gemeint sein könnte, und es liegt nahe, mit eigenen Beobachtungen oder auch mit Fragen zu beginnen. Muss ein »Gegenstand« ein Ding sein, oder kann damit auch im weiteren Sinn ein Gegenstand des Nachdenkens oder der Zuneigung gemeint sein? Was heißt »Mittelpunct eines Paradieses«? Entsteht um den geliebten Gegenstand herum kreisförmig das Paradies, verwandelt er also seine Umgebung? Eine solche Erfahrung hat man vielleicht schon gemacht, dass im Zustand der Zuneigung, sei es zu einem Partner, zu einem Kind, zu einem Naturgegenstand oder zu einem wichtigen Objekt, das man in die eigene Wohnung stellt, eine vorher altbekannte Umgebung plötzlich wieder neu wahrgenommen wird, Farben, Formen oder Gerüche erst wieder hervortreten. So können wir unsere Erinnerungen, Wünsche und Phantasien spielen lassen und das romantische Fragment individuell fortführen.

Etwas ausführlicher fällt das Fragment 65 der Sammlung »Blüthenstaub« aus: »Alle Zufälle unsers Lebens sind Materialien, aus denen wir machen können, was wir wollen. Wer viel Geist hat macht viel aus seinem Leben – Jede Bekanntschaft, jeder Vorfall wäre für den durchaus Geistigen – erstes Glied einer unendlichen Reihe – Anfang eines unendlichen Romans.«[5] Schon die Gedankenstriche zeigen, wie locker hier alles gefügt ist, so dass man sich einfinden und die Lücken füllen kann. Die Vorstellung, das eigene Leben als Geschichte anzusehen, ist bis heute (und heute eher noch mehr als um 1800) verbreitet, sei es, dass man die Lebensgeschichte sich selbst, einem Freund oder einer Freundin am Küchentisch oder seinem Therapeuten erzählt. Dabei können Ereignisse, die zunächst wie Zufälle wirken, in einen Zusammenhang gebracht, mit anderen Ereignissen verbunden werden, so dass sie auseinander hervorgehen oder einen Sinn erhalten, weil man sich vielleicht an ihnen weiterentwickelt hat. Allerdings kommt es vor, dass man Lebensepisoden plötzlich ganz anders ansieht oder sie am liebsten durchstreichen würde.

Ein Roman enthält aber nicht nur Handlung, sondern besitzt auch eine Figurenkonstellation, und so lassen sich Menschen, die im eigenen Leben wichtig waren und sind, anordnen und verschieben, wie überhaupt der Lebensroman immer wieder Neuerungen erfährt, also weitererzählt werden muss. Wenn Novalis von einem »unendlichen Roman« spricht, meint er damit, dass unser Leben nicht ursprungslos mit der Geburt begonnen hat und auch nicht

3. »Romantisieren«: dem eigenen Leben Bedeutung verleihen

mit dem Tod enden muss, sondern in Zusammenhängen steht, die über das Individuum hinausreichen, die man unterschiedlich – religiös, geschichtlich, biologisch oder psychologisch – bestimmen kann. Ein Roman kann auch Leitmotive enthalten, also Gegenstände oder Situationen, die im Laufe des Lebens immer wieder auftauchen. Er reiht spannende Phasen neben eher langweilige Sequenzen, in denen nicht viel passiert und die zunächst wenig bedeutsam erscheinen. Der Erzähler selbst kann sich entweder seiner Sache, also seines Lebens, sehr sicher sein, weil er sich im Besitz einer überwölbenden Gewissheit glaubt, oder er kann wenig wissen, tastend und stockend erzählen und auf einen Sinn der eigenen Geschichte verzichten oder ihn nur bruchstückhaft annehmen.

Novalis hat aber nicht nur solche gedanklichen Reize in Form von Fragmenten gesetzt, sondern auch sein konkretes Leben als Friedrich von Hardenberg romantisiert. Besonders interessant ist der Umgang mit der eigenen Berufspraxis, denn auch für heutige Romantiker kann es zu einer harten Nuss werden, das tägliche Einerlei aufzuwerten und ihm einen höheren Sinn zu verleihen. Friedrich von Hardenberg hatte zunächst ein Jurastudium abgeschlossen, bevor er seine eigentliche Tätigkeit im Bereich des Bergbaus begann. 1796 wurde er kursächsischer Salinenbeamter, und das hieß für ihn auch, seine damit verbundenen Pflichten als vorrangig gegenüber der Literatur anzusehen. Er verschaffte sich ein fachliches Fundament, indem er an der international führenden Bergwerksakademie im sächsischen Freiberg naturwissenschaftliche Fächer studierte, um anschließend wieder zu den Salzbergwerken zurückzukehren, wo er zum Assessor ernannt wurde. Mit 28 Jahren (und kurz vor seinem Tod) erhielt er nach der Einreichung einer Probeschrift vom sächsischen Kurfürsten zusätzlich die Stelle eines Amtshauptmanns, heute etwa einem Landrat vergleichbar.[6]

Es ist daher kein Zufall, dass Novalis in seinem Roman »Heinrich von Ofterdingen« die Tätigkeit des Bergmanns ausführlich und besonders konkret darstellt. Dieser Roman, der mit einer Reise des jugendlichen Heinrich von Thüringen nach Augsburg beginnt und dessen Selbstfindung als Dichter darstellt, weist insgesamt nur wenige realitätsnahe Schilderungen auf. Vielmehr führen die Figuren Gespräche, berichten von ihren Träumen, in denen zum Beispiel die berühmte »blaue Blume« als Symbol einer nicht erfüllbaren Sehnsucht vorkommt, erzählen sich Geschichten und Märchen, und wenn eine Landschaft beschrieben wird, dann erscheint sie eher in Konturen, die eine Atmosphäre hervorrufen:

3. »Romantisieren«: dem eigenen Leben Bedeutung verleihen

Je heller es ward, desto bemerklicher wurden ihm die neuen unbekannten Gegenden; und als auf einer Anhöhe die verlassene Landschaft von der aufgehenden Sonne auf einmal erleuchtet wurde, so fielen dem überraschten Jüngling alte Melodien seines Innern in den trüben Wechsel seiner Gedanken ein. Er sah sich an der Schwelle der Ferne, in die er oft vergebens von den nahen Bergen geschaut, und die er sich mit sonderbaren Farben ausgemahlt hatte. Er war im Begriff, sich in ihre blaue Flut zu tauchen. Die Wunderblume stand vor ihm, und er sah nach Thüringen, welches er jetzt hinter sich ließ mit der seltsamen Ahndung hinüber, als werde er nach langen Wanderungen von der Weltgegend her, nach welcher sie jetzt reisten, in sein Vaterland zurückkommen, und als reise er daher diesem eigentlich zu.[7]

Dieser Aufbruch ist sprachlich suggestiv und psychisch höchst reizvoll dargestellt, aber eben wegen dieses Tons fallen Sätze wie im fünften Kapitel, dem Bergbaukapitel, auf, wenn es über die Fahrt eines Bergmanns in die Grube heißt: »Er fuhr voraus, und schurrte auf dem runden Balken hinunter, indem er sich mit der einen Hand an einem Seil anhielt, das in einem Knoten an einer Seitenstange fortglitschte [...].«[8]

Diese Welt kannte Friedrich von Hardenberg, sie romantisiert er, verleiht ihr also ein »geheimnisvolles Ansehn« und einen »unendlichen Schein«. Dies geschieht auf mehrere Weisen. So erklärt die Hauptfigur dieses Kapitels, ein alter Bergmann, dass seine Tätigkeit nicht der Ausbeutung der Natur aus wirtschaftlichen Motiven diene, sondern vielmehr der Naturerkenntnis. Als Kind wollte er wissen, woher die Edelsteine stammen, deshalb wurde er Bergmann. Er forscht der »Herkunft« und den »Wohnungen« der Metalle nach und hat »Umgange mit den uralten Felsensöhnen der Natur«[9].

Ebenso dient der Bergbau der Selbsterkenntnis. Die unterirdische Natur besitzt »ein näheres Verhältniß zu unserm geheimen Daseyn«[10], in ihr erkennt man Strukturen, die auch im menschlichen Leben wirken. Diese Verwandtschaft zwischen Natur und Mensch wird auch metaphorisch vollzogen, wenn der Bergmann sagt, dass er bei seiner Arbeit gleichzeitig den »edelsten Gang meines Herzens erschürft«[11] habe. Daran anschließend stellt der Bergbau auch eine Schule der Lebenskunst dar. In ihr erfährt man, dass zunächst armselige und enge Klüfte oft die größten Schätze eröffnen. Man übt Beharrlichkeit und lernt, von einem einmal anvisierten Ziel nicht durch äußere Einflüsse abzuweichen, sondern auf Umwegen weiter zu graben.

3. »Romantisieren«: dem eigenen Leben Bedeutung verleihen

Kühner ist die Verbindung des Bergbaus mit Liebe und Sexualität. Auch sie ergibt sich aus der Metapher eines Gangs in die Tiefe, die psychisch – man lernt einen Menschen bis in die Tiefe kennen –, aber auch sexuell gemeint ist. In durchaus komischer Form berichtet der Bergmann von seinem Schwiegervater und seiner Eheschließung:

Den Tag, wie ich Häuer wurde, legte er seine Hände auf uns und segnete uns als Braut und Bräutigam ein, und wenige Wochen darauf führte ich sie als meine Frau auf meine Kammer. Denselben Tag hieb ich in der Frühschicht noch als Lehrhäuer, eben wie die Sonne oben aufging, eine reiche Ader an.[12]

Zuletzt wird der Bergbau auch religiös romantisiert. Dabei werden nicht nur historisch selbstverständliche Handlungen wie das Lesen einer Messe vor der Einfahrt in die Grube benannt. Es wird auch erzählt, wie der Einzelne in der Tiefe der Erde intensiv religiös fühlen kann: »Wie unzähliche mal habe ich nicht vor Ort gesessen, und bey dem Schein meiner Lampe das schlichte Krucifix mit der innigsten Andacht betrachtet! da habe ich erst den heiligen Sinn dieses räthselhaften Bildnisses recht gefaßt«[13]. So tritt auch die Doppelbewegung des Romantisierens hervor. Es soll nicht nur das Alltägliche und Bekannte auf etwas Höheres hin durchsichtig werden, sondern umgekehrt soll auch das »Unbekannte, Mystische« eine Erdung erfahren und »einen geläufigen Ausdruck« erhalten. Das geschieht am Beispiel des Bergbaus, wenn allgemeine und oft nur abstrakt formulierte Vorstellungen von der Liebe, der Moral oder dem Göttlichen sinnlich fassbar werden. Der Bergmann realisiert sie in seinem Handeln, im Schürfen, im Beobachten der Gesteinswelt und in seinen Gefühlen unter der Erde. Sie werden fassbar und erlebbar, gehen das Individuum unmittelbar etwas an.

Als Friedrich von Hardenberg den Bergbau literarisch so darstellte und damit auch seine Berufstätigkeit inszenierte, konnte er an eine lange Tradition anknüpfen, denn die Arbeit in der Tiefe der Erde hatte immer schon die Phantasie angeregt. Es gab ein entfaltetes Brauchtum mit Ritualen, Liedern und einem entsprechenden Selbstbewusstsein, und selbst gegenwärtig trifft man noch auf Bestandteile der Bergbau-Mythologie. Eindrucksvoll ist es zum Beispiel, wenn im abgedunkelten Stadion von Schalke 04, in einer ehemaligen Bergbauregion, Zehntausende das »Steigerlied« singen: »Glück auf! Glück auf! der Steiger kömmt, / und er hat sein helles Licht – bei der Nacht, / [...] schon angezündt.«[14] Aber auch die Popkultur nutzt Bilder aus diesem Bereich, um zu romantisieren: »Tief im Westen, wo die Sonne verstaubt«, so beginnt Herbert Grönemeyers Hymne auf Bochum, eine ästhetisch eher wenig ansprechende Stadt, in der man aber nachts »den Pulsschlag aus Stahl« höre, die »ständig auf Koks« sei und in der nicht »das große Geld«, sondern das »Herz« zähle. Die Bergbautradition stellt weiterhin Metaphern bereit, um dem Bekannten Würde zu geben.

Die letzte Formulierung benennt trotz genretypischer Überspitzung einen Gegensatz, »Geld« – »Herz«, mit dem sich die Romantisierung des Bergbaus immer auseinandersetzen musste. Denn natürlich diente der Bergbau, mochten die Einzelnen ihn auch als Erkenntnis- und Liebesdienst verklären, ökonomischen Interessen. Friedrich von Hardenberg war auch ein Akteur im Wirtschaftssystem seiner Zeit, was ihm zum Beispiel bewusst war, wenn er als Teil eines Teams, das sein Freiberger Lehrer Abraham Gottlob Werner (1749–1817) zusammengestellt hatte, eine geologische Erkundung Sachsens vornahm. Dabei ging es vor allem um Möglichkeiten des Braunkohleabbaus, und Hardenberg erforschte speziell die Region von Halle, Leipzig und Zeitz, in der dann tatsächlich im 19. und 20. Jahrhundert eine massive Kohleförderung stattfinden konnte.

Auch der Roman »Heinrich von Ofterdingen« zeugt von diesem Konflikt zwischen romantischen Vorstellungswelten und einer Ökonomie, die sich schon um 1800 nicht so einfach mit einem »hohen Sinn« versehen ließ. Der alte Bergmann erklärt, dass ein richtig verstandener Bergbau nicht dem Privatreichtum einzelner, sondern dem Wohlstand aller diene. Er selbst bleibt Zeit seines Lebens arm, weil ihn die gefundenen Metalle nicht mehr interessieren, sobald sie »Waaren«[15] geworden sind. Im Roman wird sogar in Ansätzen ein romantischer Antikapitalismus vertreten, weil es dem Wesen der Natur widerspreche, ausschließlicher Besitz eines Einzigen zu sein. Die Hauptfigur Heinrich von Ofterdingen folgt dem Bergmann und seinen Reden, aber der Roman ist in diesen Passagen so realistisch gebaut, dass im Gegenzug auch nüchterne Kaufleute auftreten. Sie überlegen, kaum hat der alte Bergmann seine romantisierenden Reden beendet, wie sie wirtschaftlichen Nutzen aus seinem Wissen ziehen könnten. Vielleicht ließen sich über den Alten Importbeziehungen aufbauen? Der wiederum reagiert verärgert: »Wie dumpf und ängstlich ist es doch hier in der engen Stube.«[16]

3. »Romantisieren«: dem eigenen Leben Bedeutung verleihen

Schon Novalis wusste also, weil er im praktischen Leben des Berufs wie auch im Zusammenhang seiner großen Herkunftsfamilie stand, dass Romantiker nicht immer von ihresgleichen umgeben sind. Außerdem kann sich das Gewöhnliche als hartnäckig gegenüber Umgestaltungswünschen erweisen. Das gilt umso mehr, wenn ganze Gesellschaftsbereiche mit eingespielten Mechanismen wie die Wirtschaft oder die Politik, von der später noch zu sprechen ist, neu verstanden werden sollen. In ihnen gehört es manchmal geradezu zum Habitus, Romantiker nicht weiter ernst zu nehmen und zu belächeln.

Es gibt allerdings auch einfachere Formen der Romantisierung, deren Reichweite geringer ist. Sie werden um und nach 1800 entwickelt, entsprechen aber auch unserer gegenwärtigen Lebenspraxis, denn auch heute hegen viele Menschen den Wunsch, besondere und gehaltvolle Momente aufzubewahren, um aus ihnen Kraft zu schöpfen. Eindrucksvolle Beispiele für einen solchen Umgang mit Situationen, die eine über sie hinausreichende Wirkungskraft bekommen, findet man in der englischen Romantik.

»I wandered lonely as a cloud«, so beginnt das bekannteste Gedicht von William Wordsworth (1770–1850),[17] in dem er von einer Wanderung berichtet, auf der er plötzlich an einem See unter Bäumen eine große Zahl, ja ein Feld von tausenden von Narzissen sieht, die sich im Wind bewegen, »Fluttering and dancing in the breeze«. Der Betrachter ist ganz verzückt und starrt die Erscheinung an. Die vierte und abschließende Strophe des leichten und liedhaften Gedichts bringt dann die romantische Wendung, denn nun geht es um die Bedeutung der Narzissen im späteren Leben:

For oft, when on my couch I lie
In vacant or in pensive mood,
They flash upon that inward eye
Which is the bliss of solitude;
And then my heart with pleasure fills,
And dances with the daffodils.[18]

Der abschließende Reim der »daffodils« auf das Verb »fills« führt vor, wie der von Leere und Nachdenklichkeit bestimmte Mensch vor seinem inneren Auge plötzlich wieder die Narzissen aufblitzen sieht. Daraus geht Freude und Stärkung hervor, noch mehr: Das Innere gerät in die Bewegung des Tanzes, wie man sie damals im Feld der Narzissen beobachtet hat. So hat sich aus der Naturszene eine Lebenshilfe entwickelt, die sich immer wieder aktivieren lässt, als Bild, aber, weil es sich um ein Gedicht handelt, auch als Klang und rhythmische Bewegung.

Wordsworth ist ein Spezialist für solche Szenen, die in der Regel in Naturräumen stattfinden. So überrascht es, wenn er in einem Gedicht, das die größte je gefühlte Stille und den schönsten Anblick auf Erden ankündigt, die Metropole London aufscheinen lässt. Der Titel »Composed upon Westminster Bridge, September 3, 1802« soll wieder den Charakter eines besonderen, hier sogar datierbaren, Moments im Leben des Autors verbürgen. Das Gedicht hält ihn fest, wie heute unter einem Foto das Datum steht. (Tatsächlich hat es die zugrundeliegende Situation auch gegeben, wie ein Eintrag im Tagebuch von Dorothy Wordsworth [1771–1855] zeigt, auch wenn das Datum dort ein wenig abweicht.) Dass Wordsworth die Stadt als Gegenstand wählt, ist im Rahmen des romantischen Programms konsequent, fast notwendig, denn es gilt, das Alltägliche und Gewöhnliche in ein neues Licht zu rücken, und das können im England um 1800 zwar auch, aber nicht nur Narzissen sein.

Die Romantisierung Londons ist allerdings nur in einer besonderen Situation möglich, am ganz frühen Morgen, bevor das geschäftige Stadtleben beginnt, solange das »mächtige Herz« stillliegt. London hatte damals schon mehr als eine Million Einwohner, war Hauptstadt eines Weltreichs und Handelszentrum und geprägt von erheblichen sozialen Gegensätzen. Im vollen Betrieb war die Stadt alles andere als sauber, wie Wordsworth andeutet, wenn er die rauchlose Luft am Morgen erwähnt. Wichtig ist auch der Standpunkt des Sprechers auf der Westminster Bridge, also in direkter Nähe zum Westminster Palace und zum Big Ben, mit der Politik vor Augen, gleichzeitig über der Themse mit ihrer tagsüber dichten Schifffahrt. Auch darauf wird hingewiesen, indem der gegenteilige Zustand besonders betont wird: Die Schiffe liegen noch still, und der Fluss gleitet nach seinem eigenen Willen (»at his own sweet will«). In der Ruhe und der klaren Sicht am frühen Morgen ist noch keine Grenze zwischen Zivilisation und Natur spürbar, liegen »Ships, towers, domes, theatres, and temples [...] / Open unto the fields, and to the sky«.

Die Schönheit des Morgens wirkt daher wie ein Gewand um die Stadt, so wie man von Wordsworths Sonett auch sagen könnte, dass es die Stadt einhüllt. Die Verse sind nicht ganz gleichmäßig gebaut, was zur Dynamik der Empfindungen passt, aber auch zur Vorahnung der kommenden Bewegung. Auf der anderen Seite

3. »Romantisieren«: dem eigenen Leben Bedeutung verleihen

werden in der Vielzahl gleichlautender Reime in diesem (der Form nach italienischen, nicht englischen) Sonett die Ruhe und Einheit des Morgens hörbar:

> Earth has not any thing to show more fair:
> Dull would he be of soul who could pass by
> A sight so touching in its majesty:
> This City now doth, like a garment, wear
> The beauty of the morning; silent, bare,
> Ships, towers, domes, theatres, and temples lie
> Open unto the fields, and to the sky;
> All bright and glittering in the smokeless air.
> Never did sun more beautifully steep
> In his first splendour, valley, rock, or hill;
> Ne'er saw I, never felt, a calm so deep!
> The river glideth at his own sweet will:
> Dear God! the very houses seem asleep;
> And all that mighty heart is lying still![19]

Die englische Romantik ist nicht so stark philosophisch und religiös bestimmt wie die deutsche, aber auch Wordsworth interessiert sich für jenen Moment, in dem das Leben von Zwängen und Funktionen befreit ist, »And all that mighty heart is lying still«, und das Bekannte wie zum ersten Mal gesehen wird: »A sight so touching in its majesty.«

Novalis und Wordsworth geben gelingende Beispiele für die Romantisierung des eigenen Lebens. Aber aus der Romantik und ihren hohen Ansprüchen gehen auch Geschichten der Melancholie und des Scheiterns hervor. Statt der Fülle der Eindrücke herrscht dann ein verzehrendes Mangelgefühl, das für heutige Leser mindestens genauso interessant sein kann. Von »einer Lücke« in der Seele hat Karoline von Günderrode (1780–1806) in einem ihrer mitreißenden Briefe gesprochen. Sie gehört in das Umfeld der Heidelberger Romantik und stand in Kontakt mit Clemens Brentano, seiner Schwester Gunda und Bettina von Arnim. Mit dem verheirateten Heidelberger Mythen-Forscher Friedrich Creuzer (1771–1858) ging sie eine unglückliche Liebesbeziehung ein.

In ihren Briefen an Creuzer und an Gunda Brentano tritt Karoline von Günderrode so auf, dass sie ihren Eindrücken und Gefühlen keine Dauer verleihen kann: »Es gehört zu dem Leben meiner Seele daß mich irgend eine Idee begeistre; es ist auch oft der Fall; doch muß es immer etwas Neues sein, denn ich trinke so unmäßig an dem Nektarbecher bis ich ihn in mich schlürft habe; und wenn er denn leer ist, das ist unerträglich.«[20] Einen besonderen Gegenstand zum Mittelpunkt eines Paradieses zu erheben, wie Novalis es forderte, oder gar das eigene Leben als Roman zu erzählen, das konnte und wollte sie nicht, was auch mit fehlenden äußeren Haltepunkten zu tun hatte. Karoline von Günderrode lebte in einem adeligen Damenstift, aber weder die Familie noch Adelskonventionen (wie die emotionale Selbstdisziplin) oder religiöse Gewissheiten halfen ihr bei der Stabilisierung. Sie rebellierte gegen Geschlechterkonventionen wie die verordnete »Weiberglückseligkeit«[21], der sie sich nicht fügen wollte.

In den Briefen an den Geliebten Creuzer kommt es zu abrupten Wechseln in der Haltung, denn einerseits tritt sie selbstbewusst und bestimmt auf und greift den wankelmütigen Mann und dessen Geschlechtsgenossen an: »Ich fasse die Änderung deiner Gesinnung nicht. Wie oft hast du mir gesagt, meine Liebe erhelle, erhebe dein ganzes Leben, und nun findest du unser Verhältnis schädlich. Wie viel hättest du ehmals gegeben, dir dies Schädliche zu erringen. Aber so seid Ihr, das Errungene hat Euch immer Mängel.« Aber noch im selben Brief fügt sie sich allen seinen Entscheidungen: »heilig wie das Schicksalswalten ist mir, was du beschließt«[22], um sich an anderer Stelle als sein »eigenstes Eigentum« zu bezeichnen und Herrschaft von ihm zu fordern: »Du solltest anmaßender sein, mich mit Liebe und dann [mit] Despotismus behandeln. Dann erst würde mir recht wohl und sicher.«[23]

Dort, wo sie Lebenssituationen romantisiert, sind es solche der Bedrängnis und des Leids. So stellt sie sich vor, wie der Geliebte sich mit einem Freund darüber berät, ob er das Verhältnis zu ihr abbrechen solle, und fasst die triste Alltagsszene in ein Bild: »Mir ist, du seist ein Schiffer, dem ich mein ganzes Leben anvertraut, nun brausen aber die Stürme, die Wogen heben sich. Die Winde führen mir verwehte Töne zu, ich lausche und höre, wie der Schiffer Rat hält mit seinem Freunde, ob er mich nicht über Bord werfen soll oder aussetzen am öden Ufer?«[24] Gegenstände und Erfahrungen gehen ihr im wörtlichen Sinn zu nahe, sie will sie nicht in eine beruhigende symbolische Distanz rücken, sondern begeht rituelle, selbstverletzende Handlungen. An Creuzer schickt sie ein Tuch und erklärt:

Ich habe es lange, um es zu weihen, auf meinem Herzen getragen. Dann habe ich mir die linke Brust gerade über dem Herzen aufgeritzt und die hervorgehenden Blutstropfen auf dem Tuch gesammelt. Siehe,

3. »Romantisieren«: dem eigenen Leben Bedeutung verleihen 45

so konnte ich das Zarteste für dich verletzen. Drücke es an deine Lippen; es ist meines Herzens Blut! So geweiht, hat dieses Schnupftuch die seltene Tugend, daß es vor allem Unmut und Zweifel verwahrt. Ferner wird es dir ein zärtliches Pfand sein.[25]

1806, im Alter von 26 Jahren, beging Karoline von Günderrode Selbstmord. Sie gehört zu jenen historischen Figuren, die sich auf die Suche nach dem Unbedingten begeben haben, in der Liebe und in anderen Beziehungen, aber das letzte existentielle Verfehlen stärker wahrgenommen haben als einzelne gelingende Momente. Sie erzählte ihr Leben nicht als Roman, es liegt in Bruchstücken vor, in Form von Briefen, Gedichten und Dramen. Gerade darin liegt aber die Kraft ihrer Zeugnisse, in denen sich eine Subjektivität ohne Gegenhalt in der Außenwelt und ohne helfende Weltanschauung ausspricht, rücksichtslos sich selbst gegenüber, starken Schwankungen ausgesetzt. Von der Entstehung ästhetischer Subjektivität hat Karl Heinz Bohrer in seiner Untersuchung »Der romantische Brief« gesprochen.[26] Darin führt er an Briefen Günderrodes, Kleists und Brentanos vor, wie Menschen, die nicht mehr religiös oder philosophisch gesichert sind, ihr Heil in der literarischen Selbstaussprache suchen und wie daraus sprachliche Dynamiken bis zum Verlust der Selbstkontrolle hervorbrechen.

Auch und gerade in den leidenden und scheiternden Romantikern konnte sich die Nachwelt wiedererkennen. Die ostdeutsche Schriftstellerin Christa Wolf (1929–2011) hat 1979 das Buch »Kein Ort. Nirgends« veröffentlicht, in dem sie ihre eigene Situation in derjenigen Karoline von Günderrodes (und Heinrich von Kleists) spiegelt. So wie es um 1800 Autoren gab, die unverstanden und isoliert in ihrer Gesellschaft standen, aber dennoch an der Utopie eines freien, von Liebe und Gleichberechtigung bestimmten Lebens festhielten, ergehe es ihr und ihren Freunden in der DDR, erklärte Christa Wolf. Karoline von Günderrode gehöre zu den romantischen Vorgängern mit »Blut im Schuh«[27], die an ihren Idealen festhielten, an ihrem »unausrottbaren Glauben, der Mensch sei bestimmt, sich zu vervollkommnen, der dem Geist aller Zeiten strikt zuwiderläuft«[28]. Diese politischen Visionäre kommen auch nach Wolfs Verständnis nie an ihr Ziel: »Nirgends hab ich gefunden, wonach ich suchte.«[29] So helfen die alten Romantiker den neuen dabei, sich selbst einzuordnen, und geben ihnen Stärkung: Man ist mit seinem Schicksal nicht allein, sondern erkennt sich wieder, so war es schon einmal. Man könnte im Fall Christa Wolfs allerdings fragen, ob sie in der DDR wirklich nur eine unverstandene Romantikerin oder nicht gleichzeitig eine die Grundlagen des Staates stützende Autorin war.

Karoline von Günderrode und Christa Wolf zeigen, dass die Romantisierung eine nie ganz einzulösende Forderung darstellt. Mit äußeren und inneren Zwängen, die eine Aufwertung des Alltags verhindern, setzen sie sich melancholisch und zornig auseinander. Man kann allerdings auch nüchtern und spöttisch mit der Einsicht umgehen, dass dem »Gewöhnlichen« manchmal beim besten Willen kein »geheimnisvolles Ansehen« zu geben ist. Beispielhaft für diesen Weg steht Heinrich Heine. Er schließt an Novalis an, dessen Roman »Heinrich von Ofterdingen« er kannte und wegen der psychologischen Qualitäten bewunderte: »Sonderbar und bedeutungsvoll ist es, das selbst die fabelhaftesten Personen in diesem Buche uns so bekannt dünken, als hätten wir in früheren Zeiten schon recht traulich mit ihnen gelebt.«[30] Heine erkannte in dem Roman aber auch Weltverneinung und Todessehnsucht und eine insgesamt fehlgehende Tendenz, die zu korrigieren sei.

Wie eine direkte Antwort auf die Romantisierung des Bergbaus im »Ofterdingen« liest sich Heines Beschreibung eines Bergwerkbesuchs in seiner Erzählung »Die Harzreise«. Wo Novalis von der Selbsterkenntnis unter der Erde und von einer Verwandtschaft des Menschen mit der Natur sprach, praktiziert Heine die Ernüchterung: Auf dem Weg zum Bergwerk erwarten ihn »zwei große schwärzliche Gebäude«, die Berufskleidung des Bergmanns sieht aus wie eine »Delinquententracht«[31], die Grube, die er erreicht, trägt den Namen Carolina: »Das ist die schmutzigste und unerfreulichste Carolina, die ich je kennen gelernt habe.« Die abstoßenden Eindrücke sind so stark, dass an eine Aufwertung nicht zu denken ist. Die Leitersprossen, die er hinabsteigen muss, sind »kothig naß« und »glitschrig«[32], die Berufspraxis, die er zu sehen bekommt, ist anstrengend und beschwerlich, das Denken unter der Erde vom Maschinenlärm unterbunden. Ein einziges Gefühl bestimmt den Erzähler, das ist die Angst, denn er sieht im Dunkeln nichts, bekommt keine Luft und sehnt sich sogar nach einem Sturm auf hoher See zurück, den er vor einiger Zeit erlebt hat. Er möchte dringend wieder ins Freie, Technik und Ökonomie bergen nichts Geheimnisvolles. Heine sagt mit einer solch komischen Darstellung aber nicht der gesamten Romantik ab, sondern er bewegt sich ganz auf ihrem Boden, wenn er eines ihrer wichtigsten Prinzipien zum Modus seiner Literatur macht: die Ironie.

4. Der Einsatz der Ironie

Die Ironie ist für die Romantiker eine wichtige Form des Selbstausdrucks, aber sie haben sie natürlich nicht erfunden. Schon die antiken Lehrbücher der Rhetorik erklären, was ironisches Sprechen sei, nämlich das Gegenteil von dem zu sagen, was man eigentlich meine. So kann man zum Beispiel durch scheinbares Lob eigentlich kritisieren oder Ärger loswerden, wie wir es im Alltag praktizieren: »Schön, dass Du da bist«, sagt einer zu seinem Freund, der zu einer Verabredung viel zu spät kommt und ihn in Wind und Regen warten ließ. Er vertraut darauf, dass die Umstände, der Tonfall und der Gesichtsausdruck die Ironie schon deutlich machen werden. Oder noch kürzer: Eine, der auf den Fuß getreten wird, sagt nur: »Danke!«

In der Romantik wird diese einfache rhetorische Ironie zu einer Form des Denkens und Sprechens ausgeweitet. Auch in ihr besteht ein Gegensatz, aber dieser ist nicht aufzuheben: Sowohl das Gesagte als auch das Gegenteil des Gesagten sind gültig, Position und Gegenposition relativieren sich in ihren Ansprüchen.[1] Auch für diese Ironie als Verfahren gibt es schon in der Antike ein Vorbild: die Dialoge Platons, in denen gemeinsam fragend und vorläufig antwortend nach dem richtigen Verständnis der Dinge gesucht wird. So trägt zum Beispiel im Dialog »Phaidon« Sokrates eine These zur Unsterblichkeit der Seele vor, auf die dann Einwände zweier anderer Gesprächspartner folgen. Anschließend wird die These gerechtfertigt, bis erneut eine Rückfrage folgt, daraufhin ein Zusatzargument – und so immer weiter in Rede und Gegenrede. Friedrich Schlegel hat Platon so charakterisiert: »Er ist nie mit seinem Denken fertig geworden, immer beschäftigt, seine Ansichten zu berichtigen, zu ergänzen, zu vervollkommnen«[2]. Damit ist man schon in der Nähe der romantischen Ironie, die wiederum Friedrich Schlegel so bestimmt hat: »Sie enthält und erregt ein Gefühl von dem unauflöslichen Widerstreit des Unbedingten und des Bedingten, der Unmöglichkeit und Notwendigkeit einer vollständigen Mitteilung.«[3]

Wieder lässt sich an das Novalis-Fragment »Wir suchen überall das Unbedingte, und finden immer nur Dinge« anknüpfen, um Schlegels Definition zu verstehen: Das »Unbedingte« tritt auf, und das »Bedingte« ist mit den »Dingen« bei Novalis gleichzusetzen, über die wir nie hinauskommen. Dass zwischen beiden ein »unauflöslicher Widerstreit« besteht, ist schon deutlich geworden, denn man sucht nach dem Unbedingten, wird auf die Dinge zurückgeworfen, bleibt bei ihnen nicht stehen, verlangt nach Gewissheit, findet diese nur vorläufig, muss neu bei den Dingen beginnen und so immer weiter.

Was ist aber unter einer »vollständigen Mitteilung« nach Schlegel zu verstehen? Es könnte bedeuten, dass man eine Situation vollständig, ganz und gar beschreiben möchte oder in einem Gespräch mit einem Gegenüber alles sagen will, was angemessen, treffend und notwendig ist, oder dass man eine Behauptung aufzustellen hofft, die abschließend richtig und nicht mehr bezweifelbar ist. An solchen Zielen halten die Romantiker fest, deshalb spricht Schlegel von einer »Notwendigkeit«. Aber sie wissen, dass unsere Erkenntnis stückhaft bleibt, dass wir unser Gegenüber nie vollständig verstehen und erfassen können und dass unsere Darstellungen immer perspektivisch begrenzt sind. Zu dem Punkt, an dem alles gesagt ist, gelangen wir nie. Eine »vollständige Mitteilung« ist deshalb unmöglich. Daher wird nun ironisch gesprochen, und das heißt, eine Aussage vorzunehmen und dieser gleichzeitig zu widersprechen, sie zu relativieren, mit einem Zweifel zu versehen, mit einem Augenzwinkern oder einem Lächeln. Damit wird ihre Vorläufigkeit angezeigt. Es ist eben nicht alles gesagt, man könnte die Dinge auch in einem ganz anderen Licht betrachten. Das, was man geäußert hat, ist einseitig, vielleicht sogar peinlich, kann jedenfalls nicht so stehen bleiben. Friedrich Schlegel erklärt daher auch, dass man sich mit der Ironie über sich selbst hinwegsetze.[4] Der ironische Sprecher verharrt nicht auf einem Standpunkt, den er eingenommen hat, und entgeht dadurch der Gefahr, seine Überzeugung mit der Wahrheit zu verwechseln. Er betreibt eine »stete Selbstparodie«[5], führt seine Grenzen vor, kann sich selbst eben auch im Scherz betrachten.

Daraus hat man ironischen Autoren oft einen Vorwurf gemacht: Sie würden im Letzten gar nichts ernst nehmen, alles mit billigem Spott überziehen, seien im Tiefsten überheblich und würden auf ihre einfältigen Mitmenschen herabsehen. Tatsächlich kann die Ironie in einer solchen unangenehmen Haltung enden,

4. Der Einsatz der Ironie

aber in ihren Anfängen in der Romantik ging sie aus der Philosophie hervor und vertrat das sehr ernste Ziel, die Vorläufigkeit aller Behauptungen ins Bewusstsein zu rücken, gerade um den Blick auf eine letzte Wahrheit offen zu halten. Von etwas Bedingtem kann man logisch nur sinnvoll sprechen, wenn man an der Vorstellung festhält, dass es etwas Unbedingtes geben könnte. Diese philosophische Herkunft der Ironie zeigt sich in der eigenwilligen Formel Schlegels von einer »transzendentalen Buffonerie«[6]. Die Transzendentalphilosophie fragt nach den Möglichkeiten und Grenzen der Erkenntnis, und der Buffo ist eine komische Figur in der italienischen Oper. Der Ironiker ist also ein philosophischer Narr, und die anspruchsvolle Ironie stellt eine Verbindung aus Scherz und Ernst dar.

Dass eine solche Verbindung auch für sicherlich nicht leichtfertige Autoren von Interesse ist, könnte ein Seitenblick auf Goethe zeigen. Denn gerade dort, wo es um die letzten Fragen geht, um den Übergang vom Leben zum Tod und um eine mögliche Weiterexistenz, am Ende seines »Faust«-Dramas, hat er das Heilige und das Komische miteinander verbunden. Damit Fausts Seele Mephisto entkommen und in den Himmel aufsteigen kann, muss der Teufel abgelenkt werden. Dies geschieht durch die anwesenden Engel, die »allerliebsten Jungen«, deren nackte Hinterteile sein Interesse wecken: »Auch könntet ihr anständig-nackter gehen, / Das lange Faltenhemd ist übersittlich – / Sie wenden sich – Von hinten anzusehen! – / Die Racker sind doch gar zu appetitlich.«[7] Zur Rechtfertigung dieser abenteuerlichen Erfindung hat Goethe erklärt, dass er, um die letzte Grenze des Lebens und Wissens darstellen zu können, »ernst gemeinte Scherze«[8] treiben musste.

Wenn es nun um die literarischen Realisierungen der romantischen Ironie geht, dann soll nicht Goethe, sondern Heinrich Heine ins Zentrum rücken. Seine Erzählung »Die Harzreise« ist 1826 erschienen, während Schlegels Äußerungen bereits aus der Zeit um 1800 stammen. Es ist nicht selten der Fall, dass Innovationen in der Theorie erst nach längerer Zeit eine wirklich gelungene Umsetzung in der Literatur finden, und gerade die frühe Romantik hat mit ihren sprudelnden Fragmenten Ideen hervorgebracht, die erst viel später ihre Wirkung entfalteten. In Heines »Harzreise« berichtet ein Ich-Erzähler von einer Wanderung quer durch den Harz, die in Göttingen beginnt, das zum Gegenstand einer ebenso derben wie lesenswerten Universitäts-Satire wird.[9] Die Wanderroute führt dann über Northeim, Osterrode, Clausthal, wo die schon genannte Grubenbesichtigung stattfindet, und Goslar zum Brocken, dem höchsten Berg des Harzes. Hier versammeln sich einige Reisende, um den Sonnenuntergang zu betrachten:

Derweilen wir sprachen, begann es zu dämmern: die Luft wurde noch kälter, die Sonne neigte sich tiefer, und die Thurmplatte füllte sich mit Studenten, Handwerksburschen und einigen ehrsamen Bürgerleuten, sammt deren Ehefrauen und Töchtern, die alle den Sonnenuntergang sehen wollten. Es ist ein erhabener Anblick, der die Seele zum Gebet stimmt. Wohl eine Viertelstunde standen Alle ernsthaft schweigend, und sahen, wie der schöne Feuerball im Westen allmählig versank; die Gesichter wurden vom Abendroth angstralt, die Hände falteten sich unwillkührlich; es war, als ständen wir, eine stille Gemeinde, im Schiffe eines Riesendoms, und der Priester erhöbe jetzt den Leib des Herrn, und von der Orgel herab ergösse sich Palestrinas ewiger Choral.
Während ich so in Andacht versunken stehe, höre ich, daß neben mir Jemand ausruft: ›Wie ist die Natur doch im Allgemeinen so schön!‹
Diese Worte kamen aus der gefühlvollen Brust meines Zimmergenossen, des jungen Kaufmanns. Ich gelangte dadurch wieder zu meiner Werkeltagsstimmung, war jetzt im Stande, den Damen über den Sonnenuntergang recht viel Artiges zu sagen, und sie ruhig, als wäre nichts passirt, nach ihrem Zimmer zu führen. Sie erlaubten mir auch, sie noch eine Stunde zu unterhalten. Wie die Erde selbst drehte sich unsre Unterhaltung um die Sonne. Die Mutter äußerte: die in Nebel versinkende Sonne habe ausgesehen wie eine glühende Rose, die der galante Himmel herab geworfen in den weitausgebreiteten, weißen Brautschleyer seiner geliebten Erde. Die Tochter lächelte und meinte, der öftere Anblick solcher Naturerscheinungen schwäche ihren Eindruck. Die Mutter berichtigte diese falsche Meinung durch eine Stelle aus Goethes Reisebriefen, und frug mich ob ich den Werther gelesen? Ich glaube wir sprachen auch von Angorakatzen, etruskischen Vasen, türkischen Shawls, Makaroni und Lord Byron, aus dessen Gedichten die ältere Dame einige Sonnenuntergangsstellen, recht hübsch lispelnd und seufzend, rezitirte.[10]

In dieser Passage tritt die romantische Ironie als »Widerstreit« von zwei Momenten klar hervor. Zuerst wird die Andacht beim Anblick des Sonnenunterganges beschrieben, dann kommt es zu der Äußerung: »Wie ist die Natur doch im Allgemeinen so schön!«, die dadurch, dass überhaupt gesprochen wird – denn im Angesicht des Sonnenuntergangs sollte man schweigen – und durch ihre offensichtliche Banalität die Atmosphäre zerstört. Während die Betrachter im Abendrot unwillkürlich die Hände falteten und eine Art Offenbarung erlebten, also mit dem »Unbedingten« in Kontakt gerieten, fallen sie mit der ungeschickten Äußerung in

4. Der Einsatz der Ironie

die »Werkeltagsstimmung« zurück, landen also wieder in der Welt des »Bedingten«. Allerdings wird der erste Moment der Intensität damit nicht zerstört oder widerrufen. Die Natur-Andacht hat sich nicht im Nachhinein als falsch erwiesen, sondern sie wird mit einem Witz versehen und in ihrer Ausdehnung eingeschränkt. Umgekehrt würde man auch nicht sagen, dass die anschließende, ziemlich wirre Unterhaltung besser und wahrer sei, auch sie wird durch die tiefe Betrachtung vorher relativiert.

Warum aber kommt es überhaupt zum Umschwung an dieser Stelle, hätte es nicht so erhaben weitergehen können? Konkrete Gründe für die Ironisierung lassen sich der Szene selbst entnehmen: Man hat es in den 1820er-Jahren auf dem Brocken schon mit Frühformen des Tourismus zu tun. Es gibt eine Turmplatte, auf der sich ein größeres Publikum versammelt, der Sonnenuntergang ist ein Bestandteil von Familienausflügen, man genehmigt sich einen wunderbaren Eindruck. Das ist nichts Falsches, sondern gehört zum Leben moderner Menschen hinzu. Aber es steht in Spannung zum religiösen Gefühl, das gleichzeitig entstehen kann. Denn ein Andachtsmoment in der Natur würde eher spontan, ungeplant und nicht in Gegenwart zu vieler Menschen stattfinden, und er sollte auf gar keinen Fall organisiert sein. Ein strukturell vergleichbares Problem haben gegenwärtige Touristen, wenn sie in einem »Romantik-Hotel« einchecken.

Auch das zweite Problem kann uns heute bekannt vorkommen, denn im Hintergrund der Brocken-Szene lauert ein Kitsch-Verdacht. Zwar ist Kitsch schwer zu definieren, aber feststellen kann man, und das Gerede über Sonnenuntergänge zwischen dem Ich-Erzähler und den Frauen zeigt es: Schon zu Heines Zeit ist die Vorstellung einer besonderen Atmosphäre, die beim Sonnenuntergang entsteht, so oft und in so vielen verschiedenen Künsten und Medien verbreitet worden, dass es keine unbefangene Wahrnehmung mehr gibt. Wer einen Sonnenuntergang erlebt, ist nicht mehr naiv, sondern hat Bilder und Formulierungen von Sonnenuntergängen im Kopf. Man weiß schon, dass nun bitte tiefe Gefühle und weitreichende Gedanken kommen sollten.

Für diese Gefühle wiederum, und das trägt ebenfalls zur Ironisierung bei, sind nur schwer passende Worte zu finden. In der Brocken-Szene ist das religiöse Vokabular eigentlich nicht angemessen, denn der Erzähler greift auf die christliche Tradition zurück: »die Hände falteten sich«, »eine stille Gemeinde«, »im Schiffe eines Riesendoms«, »Priester«, »Leib des Herrn«, »Palestrinas ewiger Choral« (das letzte steht hier als Synonym für klassische Kirchenmusik). Aber er verwendet auch den Konjunktiv, »als stünden wir«, denn es geht nicht um einen christlichen Sinn, sondern um eine Wahrheit in und aus der Natur, für die aber offenbar die richtigen Ausdrücke fehlen. Die Worte, die zur Verfügung stehen, sind nur ein Notbehelf, sie passen nicht ganz, und auch deshalb fällt der Erzähler sich ironisch ins Wort.

Diese Ironie der Brocken-Szene ist deutlich auf ein »Unbedingtes« im religiösen oder naturphilosophischen Sinn gerichtet. Damit steht sie der Theorie der Frühromantik nahe. Aber es gibt auch eine romantische Ironie, die zwar um Grundsätzliches kreist, dieses aber ganz weltlich, zum Beispiel politisch, versteht. Heinrich Heine war einer der wichtigsten politischen Autoren des 19. Jahrhunderts, und er konnte in diesem Bereich sehr deutlich Stellung beziehen: So finden sich klare Aussagen zu Einschränkungen und Repressionen im Zeichen der Restauration in seinem Epos »Das Wintermärchen«, und er wandte sich mehrfach gegen soziale und ökonomische Ungleichheit, zum Beispiel in seinem mitreißenden Lied »Die schlesischen Weber« (mit Versen wie: »Altdeutschland wir weben dein Leichentuch«[11]). Im politisch-gesellschaftlichen Bereich korrigierte Heine die Romantik vor ihm, der er mangelndes Eintreten für die Freiheit vorwarf. Er selbst war ein liberaler Romantiker, der die Sehnsucht nach Einheit und Ganzheit mit einem entschiedenen Eintreten für die Grundrechte des Individuums verband.

Auch unter seinen politischen Gedichten gibt es mehrdeutig-ironische.[12] Sie entstanden, wenn er nicht eindeutig einen Standpunkt beziehen oder in einer Sachfrage kämpfen musste, sondern grundsätzlich und distanzierter über Veränderungen nachdachte. Heine wusste, dass jene emanzipatorischen Fortschritte, für die er sich als Liberaler einsetzte, Verluste mit sich brachten, weil wachsende Freiheitsspielräume zu Verunsicherungen führen. Die alten Gewissheiten, die einschränkten und fesselten, hatten auch Stabilität gegeben. Über das Verhältnis von anwachsender sozialer Bewegung und einem Gefühl von Haltlosigkeit dachte er in dem Gedicht »Anno 1839« nach. Heine hatte Deutschland 1831 auch wegen der politischen und kulturellen Enge verlassen und war nach Paris umgesiedelt, wo im Jahr zuvor die Julirevolution stattgefunden hatte. Er konnte also die Lage in Deutschland und in Frankreich miteinander vergleichen. Der Sprecher des Gedichts befindet sich in Paris:

4. Der Einsatz der Ironie

> O, Deutschland, meine ferne Liebe,
> Gedenk' ich deiner, wein' ich fast!
> Das muntre Frankreich scheint mir trübe,
> Das leichte Volk wird mir zur Last.

So wie in dieser ersten Strophe eingeläutet, ist das gesamte Gedicht vom Gegensatz beider Länder bestimmt, wobei die ersten zwei Verse Deutschland, Vers drei und vier Frankreich gelten. Die bewertende Anrede Deutschlands als »ferne Liebe« am Beginn kann überraschen, denn das »muntre« und »leichte« Land mit der größeren Bewegungsfreiheit fällt dem Sprecher »zur Last«. Leser mit Heine-Kenntnissen müssten noch verwunderter sein, denn war nicht Heine einer der schärfsten Kritiker der deutschen Verhältnisse?

> Nur der Verstand, so kalt und trocken,
> Herrscht in dem witzigen Paris –
> Oh, Narrheitsglöcklein, Glaubensglocken,
> Wie klingelt Ihr daheim so süß![13]

Hier erscheint Frankreich als Land des Verstands und des Witzes, Deutschland als das des Glaubens. Frankreich hat jene kritisch-analytische Denkweise und jene respektlose Skepsis hervorgebracht, mit denen die Grundlagen der Religion ins Wanken gebracht wurden. Dass der Verstand »kalt und trocken« sei, weil er dem Leben keine höhere Bedeutung geben könne, ist ein klassisches Argument der Kritik an der Aufklärung. Diese Bewertung der beiden Länder wird aber unterlaufen, wenn die süßen, also verlockenden deutschen »Glaubensglocken« auch als »Narrheitsglocken« bezeichnet werden. Man weiß also auch, dass der Glaube auf narrenhaften, unvernünftigen Annahmen beruht, und das Verb »klingeln« verstärkt die Ambivalenz, denn Glaubensglocken, also Kirchenglocken, klingeln nicht, wohl aber kleine Glocken an einer Narrenmütze. Der Sprecher hängt an den deutschen Zuständen, von denen er gleichzeitig weiß, dass sie auf Einschränkungen der Rationalität beruhen.

Diese Ambivalenz setzt sich fort, wenn die deutschen und französischen Umgangsformen bewertet werden, das zivilisatorisch fortgeschrittene Frankreich mit der deutschen »Grobheit« und Ursprünglichkeit verglichen wird. Darauf folgt eine witzig-interessante Wahrnehmung der fortgeschrittenen Frauenemanzipation in Frankreich:

> Höfliche Männer! Doch verdrossen
> Geb' ich den art'gen Gruß zurück. –
> Die Grobheit, die ich einst genossen
> Im Vaterland, das war mein Glück!
>
> Lächelnde Weiber! Plappern immer,
> Wie Mühlenräder stets bewegt!
> Da lob' ich Deutschlands Frauenzimmer,
> Das schweigend sich zu Bette legt.[14]

Natürlich ist das Lob der deutschen »Frauenzimmer« ironisch gebrochen, ebenso die Kritik an den weiblichen Entfaltungsmöglichkeiten in Frankreich: Das gelobte Deutschland ist gleichzeitig zurückgeblieben, während die »lächelnden Weiber« auch frei sich artikulierende Frauen sind. Frankreich ist schon von jener Modernisierung erfasst worden, der die politischen Beharrungskräfte in Deutschland noch Widerstand entgegensetzen. Die rasante Veränderung der Gesellschaft in Frankreich führt aber auch zu einem Gefühl des Wirklichkeitsverlusts. Was eben noch als ganz sicher galt, ist fraglich oder schon verschwunden, Traum und Realität verschwimmen:

> Und alles dreht sich hier im Kreise,
> Mit Ungestüm, wie 'n toller Traum!
> Bey uns bleibt alles hübsch im Gleise,
> Wie angenagelt, rührt sich kaum.[15]

Das ist die hellsichtige Beschreibung eines Modernisierungsschubs, wie er im Verlauf des 19. und 20. Jahrhunderts und bis in die unmittelbare Gegenwart hinein immer wieder stattfindet. Dort, wo soziale Zugehörigkeiten, allgemein geteilte Lebensformen, Überzeugungen und andere verlässliche Größen schwächer werden, entsteht ein Gefühl der Haltlosigkeit. In Deutschland dagegen verläuft die historische Veränderung kontrolliert, »im Gleise«, hier steuern politische Institutionen den gesellschaftlichen Wandel, reichen auch die Mentalitäten weniger weit auseinander. Die Ambivalenz steckt im Wort »angenagelt«. Die größere Stabilität geht aus Freiheitseinschränkungen hervor und wird eventuell mit Gewalteinsatz gesichert. Das Lob Deutschlands, das noch vormoderne Anteile besitzt, ist also wieder ironisch gebrochen, und der Autor steht zwischen beiden Bewertungen, praktiziert damit den von Friedrich Schlegel so genannten ironischen »Widerstreit«. Dieser betrifft im Gedicht »Anno 1839« nichts »Unbedingtes« im

4. Der Einsatz der Ironie

religiösen Sinn, sondern findet zwischen politischen Grundsatzüberzeugungen statt, zwischen einer liberalen und einer konservativen Perspektive. Errungenschaften der Moderne wie damit einhergehende Verlusterfahrungen, beide existieren, und der Sprecher nimmt beide in den Blick.

Das Gedicht wird von zwei Strophen beschlossen, in denen Heine sich ganz Deutschland zuwendet, wo er literarisch verwurzelt ist: »Dem Dichter war so wohl daheime.« Genannt werden »Nachtigallenlaut«, »Veilchenduft« und »Mondenschein«, damals schon Topoi romantischer Dichtung. Ebenso hört man »Nachtwächterlieder«. Mit diesem Motiv wird auf die Rückständigkeit und soziale Kontrolle in Deutschland hingewiesen. Auch der Autor steht zwischen den Stühlen, ist aus Deutschland fort in ein freieres Land gegangen, weiß aber, dass seine Dichtung aus den Zuständen im alten Deutschland hervorgegangen ist, denen er vielleicht mehr verpflichtet ist, als ihm lieb ist.

Zu Heinrich Heine passt Friedrich Schlegels Charakterisierung der Ironie als »Selbstparodie«, denn auch dort, wo Heine über ernste Themen und am Ende seines Lebens über seine Krankheit und den nahenden Tod spricht, gibt es immer wieder komische Einschläge. Aber ironisches Sprechen kann auch ganz frei von Komik auftreten. Auch dafür hat Friedrich Schlegel die Stichworte geliefert, wenn er die Ironie einen Wechsel von »Selbstschöpfung« und »Selbstvernichtung« nannte.[16] Die romantische Ironie bezieht sich also nicht nur auf Aussagen, sondern auch auf das Ich selbst. Ein ironisches Leben zu führen, bedeutet demnach, immer wieder neue Entwürfe des eigenen Ich zu erschaffen, aber diese Entwürfe auch wieder von sich zu weisen und zurückzulassen. In dieser Formulierung von Schlegel erhält die Ironie damit etwas Einschneidendes und Bedrohliches, weil der Sprecher sich immer wieder neu erfindet, die eigenen Grundlagen angreift, an sich zweifelt und verzweifelt und sich Gewalt antut. Wenn Menschen etwas Gleichbleibendes im Leben benötigen, um überhaupt ›Ich‹ sagen zu können, dann wird der dauerhafte Selbstwiderstreit zur psychischen und lebenspraktischen Herausforderung.

Beobachten lässt sich dies an Clemens Brentano, der schon kurz als Mitglied der Heidelberger »Wunderhorn«-Wohngemeinschaft vorgestellt wurde. Er war einige Jahre jünger als Novalis und Friedrich Schlegel und teilte ihre Idee einer Suche nach dem Unbedingten – aber er konnte nicht mehr an die weltverwandelnde Kraft des Romantisierens glauben. Er veröffentlichte zunächst einen Roman mit dem Titel »Godwi oder Das steinerne Bild der Mutter« (1801), der den Untertitel »Ein verwilderter Roman von Maria« trägt, und verwildert ist er in der Tat. Denn er wird von wechselnden Erzählern dargeboten, von denen einer, wie nach seinem Verstummen erklärt wird, an Zungenentzündung gestorben ist. Im ersten Teil besteht der Roman nur aus Briefen verschiedener Personen mit höchst eigenen Sichtweisen, die man als Leser erst zusammenfügen muss. Zudem enthält er zahlreiche ironische Seitenhiebe. So werden Figuren, die sich durch ein starkes Gefühlsleben auszeichnen, später als »verschrobene edle Seelen« bezeichnet.[17] Auch ein von Friedrich Schlegel vorgeschlagenes reflexives Erzählen – also ein Erzählen, das sich selbst kommentiert – wird praktiziert, wenn der Erzähler oder auch Figuren sich auf das zurückliegende Romangeschehen beziehen: »Dies ist der Teich, in den ich Seite 146 im ersten Band falle.«[18] Hinter diesen Scherzen steht das Problem mangelnder Kontinuität im Leben, das in einem Dialog umkreist wird: »Können wir beide uns etwas sagen? da keiner feststeht, da ein jeder getrieben wird.« Die Forderung beständiger Bewegung, wie sie Novalis formuliert hatte, ist geblieben, aber die Hoffnung, ein Ziel erreichen zu können, hat sich verflüchtigt, stattdessen ist man gefangen in den »Falten augenblicklicher Stimmungen«[19].

Um der ziellosen Verneinung zu entkommen, schlug Brentano dann einen Weg ein, den er mit einigen anderen Romantikern teilte, und bekannte sich zum christlichen Glauben. Die aufsehenerregendste Entscheidung dieser Art hatte Friedrich Schlegel getroffen, als er 1808 mit seiner Frau Dorothea vom Protestantismus zum Katholizismus konvertierte. Brentano war katholisch getauft und erzogen worden und wandte sich nach einer Phase geringeren religiösen Interesses diesem Glauben wieder zu. 1817 nahm er eine sogenannte Generalbeichte vor, in der er sich von Verfehlungen seines Lebenswegs und auch von früheren literarischen Werken lossagte. In einer eigenwilligen Volte widmete er sich in den Jahren 1818 bis 1824 der stigmatisierten Nonne Anna Katharina Emmerick. Sie wies die Wundmale des Gekreuzigten auf, war visionär begabt, sah zum Beispiel Einzelheiten des Geschehens auf Golgatha, die weit über die Berichte der Evangelien hinausgehen – so ihr Selbstverständnis. Brentano saß an ihrem Bett und protokollierte und skizzierte ihre Visionen. Nun konnte er sich endlich nicht mehr als Autor, der auf sich selbst gestellt ist und an sich selbst verzweifelt, sondern als Schreiber und Werkzeug Gottes ansehen. Allerdings bearbeitete und gestaltete er die Berichte der Nonne

4. Der Einsatz der Ironie

literarisch, ergänzte sie um eigene Anmerkungen und poetische Passagen, und so war seine Stimme weiterhin präsent im Text.

Wenn man den Weg einiger Romantiker in den Glauben verstehen und vielleicht beurteilen will, muss man allerdings genau hinsehen. Die entscheidende Frage ist, ob damit wirklich eine Absage an die eigenen frühen Ideale verbunden ist: Haben die christlichen Romantiker »das Unbedingte« gefunden, sind sie mit ihrem Denken fertig geworden und stehen nun fest auf einem »absoluten Grund«? Das wäre dann tatsächlich ein Austritt aus der Romantik und ihrer Offenheit. Äußerungen einer solchen Glaubensgewissheit gibt es von Friedrich Schlegel, von Eichendorff, der seinen katholischen Glauben nie grundsätzlich in Zweifel gezogen hatte, und auch von Brentano. Aber es gibt auch Gedichte des scheinbar festverwurzelten Brentano wie das folgende mit dem Titel »10. Jänner 1834«, das schon im Klang von unruhiger Bewegtheit und eben nicht vom Angekommensein zeugt:

> Wo schlägt ein Herz das bleibend fühlt?
> Wo ruht ein Grund nicht stäts durchwühlt,
> Wo strahlt ein See nicht stäts durchspült,
> Ein Mutterschoß, der nie erkühlt,
> Ein Spiegel nicht für jedes Bild
> Wo ist ein Grund, ein Dach, ein Schild,
> Ein Himmel, der kein Wolkenflug
> Ein Frühling, der kein Vögelzug,
> Wo eine Spur, die ewig treu
> Ein Gleis, das nicht stäts neu und neu,
> Ach wo ist Bleibens auf der Welt,
> Ein redlich ein gefriedet Feld,
> Ein Blick der hin und her nicht schweift,
> Und dies und das und nichts ergreift,
> Ein Geist, der sammelt und erbaut,
> Ach wo ist meiner Sehnsucht Braut;
> Ich trage einen treuen Stern
> Und pflanzt' ihn in den Himmel gern
> Und find' kein Plätzchen tief und klar,
> Und keinen Felsgrund zum Altar,
> Hilf suchen, Süße, halt o halt!
> Ein jeder Himmel leid't Gewalt!
>   Amen![20]

Dieses Gedicht ist ironisch, weil es den von Schlegel so genannten Widerstreit des Unbedingten und des Bedingten austrägt oder auskämpft: Es endet wie ein Gebet auf »Amen«, redet aber nirgends

Gott an. Es reiht Bilder aneinander, die alle auf die Erfahrung des »Bleibens« zielen, auf etwas, das sich nicht wieder entzieht, auf unveränderbare Gefühle, auf Schutz und Treue, abseits vom ständigen Neubeginn. Aber das alles ist in Frageform formuliert. Hier möchte jemand einen »Altar« errichten, aber er findet dafür nicht den richtigen Platz und keinen festen Boden. Am Ende wird der Himmel vorgeschlagen, aber auch er ist nicht frei von »Gewalt«. Das liest sich als Absage an den Glauben, die es aber wiederum nicht ist, weil damit eine Stelle aus dem Neuen Testament zitiert wird.[21] So dokumentiert das Ich seine Suche, und die treibende und vielbewunderte Sprachmusik Brentanos, der selbst Gitarre spielte – eine E-Gitarre wäre manchmal noch passender gewesen –, ist das stärkste Zeugnis der weiterwirkenden romantischen Energie. Brentano ist ein Meister der Wiederholung und Variation, hier in Form der Wortwiederholungen am Versanfang (»Wo«, »Ein«), der Reimhäufung (»fühlt«, »durchwühlt«, »durchspült«, »erkühlt«) und des parallelen Satzbaus (»Ein Himmel, der kein Wolkenflug, / Ein Frühling, der kein Vögelzug«). Hatte Novalis am Anfang der Romantik in den »Fichte-Studien« von einem »ewigen Bedürfniß nach einem absoluten Grunde« gesprochen, »das doch nur relativ gestillt werden könnte – und darum nie aufhören würde«, dann befindet sich der Spätromantiker Brentano im Jahr 1834 immer noch auf diesem Weg.

Die romantische Ironie hat im 19. und 20. Jahrhundert immer wieder Nachfolger und Weiterentwickler gefunden, die darin die Möglichkeit erkannten, über Grenzen der Erkenntnis zu sprechen, Widersprüche zu akzeptieren und mit ihnen umzugehen. In der Philosophie ist Friedrich Nietzsche (1844–1900) zu nennen, der in Werken seiner mittleren Phase (wie »Die fröhliche Wissenschaft« und »Menschliches, Allzumenschliches«) die Vielstimmigkeit der modernen Gesellschaft und ihr Nebeneinander von Lebensformen analysierte. Dabei nimmt er eine Position der Distanz und Überschau ein. Mit dem in der Ironie-Tradition bekannten Bild des Schwebens über den Dingen gelangt er zu einem Gefühl von »Vogel-Freiheit, Vogel-Umblick, Vogel-Uebermuth«[22]. In der Literatur ist Thomas Manns (1875–1955) Ironie besonders interessant, denn mit ihr fand er einen Weg, angesichts der politischen Herausforderungen des 20. Jahrhunderts, konkret des Faschismus, nicht auf letzte Wahrheiten wie auf eine Verpflichtung zur Humanität zu verzichten. Gleichzeitig konnte er aber ironisch signalisieren, dass uns solche Wahrheiten nicht mehr in einfacher

4. Der Einsatz der Ironie 59

Weise von Gott, der Natur, der Geschichte oder anderen Mächten gegeben sind, sondern wir sie mühsam auf schwankendem Boden festigen müssen.[23]

Am Ende des 20. Jahrhunderts hat der amerikanische Philosoph Richard Rorty (1931–2007) die Ironie als eine Lebenseinstellung neu entdeckt, die daraus hervorgeht, dass man sich selbst nie bis ins Allerletzte ernst nehmen kann. Sie soll aber nicht zu moralischer Gleichgültigkeit oder zu mangelndem Engagement für andere führen: »Kontingenz, Ironie und Solidarität« heißt sein Buch deshalb. Rorty geht von der Annahme aus, dass wir alle ein »abschließendes Vokabular« benötigen und besitzen. Darunter versteht er »ein Sortiment von Wörtern«, das wir zur Rechtfertigung unserer Handlungen, Überzeugungen und unseres Lebens einsetzen. Mit diesen Wörtern formulieren wir »das Lob unserer Freunde, die Verachtung für unsere Feinde, unsere Zukunftspläne, unsere innersten Selbstzweifel und unsere kühnsten Hoffnungen«[24].

Rortys Leitgestalt, die »liberale Ironikerin«, zeichnet sich nun dadurch aus, dass sie »unaufhörliche Zweifel an dem abschließenden Vokabular« hegt,[25] das sie gerade benutzt, weil sie in ihrer Biographie schon durch andere Vokabulare beeindruckt war, die sie wieder aufgegeben hat. Wer in seiner Lebensgeschichte zurückblickt, weiß sicher, was damit gemeint ist (manchmal ist es geradezu peinlich, sich vor Augen zu führen, welche Überzeugungen man im Ernst vertreten hat). Außerdem kann ein ironischer Mensch nicht glauben, dass seine Überzeugungen der Realität näher seien als andere oder Kontakt zu einer Macht außerhalb seiner selbst hätten. Er behält daher ein Bewusstsein der »Kontingenz«. Das heißt, er weiß, dass seine Anschauungen und seine Sprache nicht aus einer höheren Notwendigkeit hervorgehen, sondern immer eine Beigabe von Willkürlichkeit besitzen: Man könnte auch ganz anders leben, sich verhalten und reden, das behält man im Hinterkopf. Und wer in dieser Weise um die eigene Zerbrechlichkeit weiß, entwickelt, so hofft Rorty, ein Einfühlungsvermögen und Mitgefühl für andere Menschen. Weil man selbst nicht unbedingt im Recht ist, geht man freier auf andere zu und begegnet ihnen friedfertiger. Mit dem Fallenlassen der Absolutheitsansprüche wird man zum liberalen Ironiker.

Gegenüber der Romantik kommt es damit zu Veränderungen, denn Rorty will auch die Suche nach dem Unbedingten aufgeben, über das wir uns keine Gedanken mehr machen müssten, es sei ohnehin eine Chimäre. Dies ist eine typische Form des Weiterwirkens der Romantik, deren Kern abgeschwächt wird oder erkaltet. Das Fernweh auf Caspar David Friedrichs Bildern, das »nach Hause« Eichendorffs oder auch Thoreaus amerikanisches »Schlendern zum heiligen Land«: Diese Sehnsucht ist Rortys Ironikern des späten 20. Jahrhunderts fremd. Der Selbstzweifel, die Skepsis und die wechselnden, sich widersprechenden Gefühle der alten Romantiker aber sind ihnen geblieben.

5. »Aussicht ins Unendliche«: Romantische Bilder von Caspar David Friedrich bis zur »Titanic«

Das Romantische verbinden die meisten von uns wohl mit Bildern, sowohl mit bekannten aus der Malerei und dem Film als auch mit solchen, die man selbst mit der Kamera oder dem Smartphone aufnimmt, weil man vielleicht eine Landschaft, die man mag, in einer besonderen Beleuchtung festhalten will. Offenbar gibt es im kulturellen Bewusstsein gespeicherte Vorstellungen von Szenerien, die als romantisch in Frage kommen, wie man an sich selbst überprüfen kann: Die Wanderung Thoreaus (Kapitel 1) – der Gang über eine Wiese, auf der ein kleiner Bach entspringt, der Sonnenuntergang, Bäume auf einer Hügelflanke – entspricht sicher den Erwartungen. Ebenso gilt das für den Sonnenuntergang auf dem Brocken mit der andächtigen Stille, wie ihn Heine beschrieben hat (Kapitel 4). Diese Szene passt wie gemacht zu Friedrich Schlegels Formulierung einer »Aussicht ins Unendliche«[1]. Es handelt sich um Situationen des zeitlichen Übergangs, zum Beispiel vom Tag zur Nacht, die von Alltagshandlungen und Zwängen befreit sind und die etwas zu sagen haben, ohne dass man dies schon in Worte fassen könnte. Dass wir das Attribut ›romantisch‹ dabei sicher individuell unterschiedlich, aber keineswegs willkürlich verwenden, zeigt sich daran, dass es Situationen gibt, von denen alle genau wissen, dass sie rein gar nichts Romantisches an sich haben.

Als beste Beispiele für historische romantische Landschaftsdarstellungen gelten die Bilder Caspar David Friedrichs, die besonders einprägsam sind.[2] Folgt man der höchst plausiblen Darstellung des Kunsthistorikers Werner Busch, dann arbeitete Friedrich so, dass er zunächst sehr genaue zeichnerische Studien von Naturgegenständen erstellte, seien es Tannen, Wolken oder Steine am Strand.[3] Auch er beginnt also wie die romantischen Schriftsteller mit den Dingen. Diese Naturelemente werden dann in die großen Gemälde übertragen, dort aber so arrangiert, dass sie eine Bild-Figur ergeben und damit auf eine höhere Ordnung hinweisen.

Das lässt sich am Beispiel des Bildes »Der einsame Baum« von 1822 erläutern:

Abb. 1: Caspar David Friedrich, Der einsame Baum, 1822

Diese Landschaft wirkt naturgetreu und kann für sich selbst stehen, ohne dass der Betrachter sofort nach einem dahinterliegenden Sinn fragen würde. Gleichzeitig ist die Natur aber komponiert, denn die mächtige Eiche bildet die Mittelachse des Bildes, und die Berge auf der rechten und linken Seite wirken symmetriebildend. Diese Anordnung führt zu einer Harmonieerfahrung, zur Vorstellung, dass eine Ordnung in der Welt vorhanden sei. Aber die Natur weist auch über sich und über den Bildrahmen hinaus, dies in Form der pfeilartig abgebrochenen Eiche und der dreieckigen hellen Wolkenformation. Weiterhin lassen sich einige der Bildelemente symbolisch deuten, so die Schafherde mit dem Schäfer unter der Eiche. Sie kann auf Jesus verweisen, der in der biblischen Bildsprache als Hirte erscheint, oder sie kann allgemein Geborgenheit und Schutz verkörpern. Zwischen den Zweigen der Eiche ist wie in einem Rahmen ein entfernter Kirchturm zu erkennen, der die Gedanken ins Christliche lenken kann. Insgesamt aber ist der romantische Sinn kein eindeutiger mehr, die Bestandteile des Bildes lassen sich nicht eins zu eins in Aussagen übersetzen. Es löst ein

Gefühl aus, das je nach Betrachter unterschiedlich gefüllt werden kann, religiös, philosophisch oder allgemein-psychologisch, und diese Mehrdeutigkeit ist eines der Erfolgsgeheimnisse von Friedrichs Malerei.

Eine andere Struktur liegt dem Bild »Frau am Meer« zugrunde.

Abb. 2: Caspar David Friedrich, Frau am Meer, um 1818

Auf ihrer Suche nach Symbolen für eine Annäherung an ein Ziel, das nie erreicht wird, stießen die Romantiker auch auf die Mathematik und hier auf die Hyperbel, also auf eine Kurvenform, die eine unendliche Ausdehnung besitzt und sich der Asymptote nähert, ohne mit ihr zu verschmelzen.[4] Im Bild der »Frau am Meer« bilden die Segelspitzen der ausfahrenden Boote, wenn man sie miteinander verbindet, eine solche Kurve. Sie führt in den Himmel, und sie führt auch über das Bild hinaus, so wie auch die literarischen Formen der Romantik, das Fragment oder die Ironie, nicht abgeschlossen sein sollten. Da die Schiffe zudem in auffallender Weise gestaffelt sind, kann man auch eine arithmetische Reihe in der Bildkomposition erkennen.[5] Die Schiffe als Glieder einer solchen Reihe verweisen auf ein unbekanntes Ziel, das wiederum außerhalb des Bildes liegt, so dass der Betrachter gedanklich und emotional in Bewegung versetzt wird.

Ein drittes Beispiel mit einer besonders schönen Verbindung

64   5. »Aussicht ins Unendliche«

von Realismus und Konstruktion bietet das Bild »Mondaufgang am Meer« von 1822.

Abb. 3: Caspar David Friedrich, Mondaufgang am Meer, 1822

Hier gibt es sogar zwei Kurven, eine obere im Himmel, die von den Resten des Sonnenlichts aufgehellt wird, und eine untere, welche die Steine am Ufer bilden. Die Horizontlinie ist gleichzeitig die Spiegelachse der beiden. Wie in vielen Bildern Friedrichs befinden sich die Figuren in der Rückenansicht und blicken in die Landschaft. Ihre Haltung ist eine des stillen Anschauens und Nachdenkens, und dazu passt, dass die Köpfe – allerdings mehr die der vielleicht empfänglicheren Frauen als der des Manns – sich in der Lichtkurve befinden. Durch das Motiv der Schiffe, die sich am Abend dem Hafen nähern, werden die Gedanken in Richtung ›Lebensreise‹, ›Heimkehr‹ gelenkt, wiederum ohne dass das Bild eine klare Botschaft ausgeben würde. Sein Ziel ist es, den Betrachter in Kontemplation zu versetzen, eine freie Gedankentätigkeit zu ermöglichen.

Wenn sich im Werk Friedrichs die realistischen und die konstruktiven Anteile die Waage halten, dann gibt es auch romantische Bilder, die eine der beiden Seiten stärken, also entweder in Richtung Abstraktion (und damit auf das frühe 20. Jahrhundert)

5. »Aussicht ins Unendliche«　　　　　　　　　　　　　　　　　　65

Abb. 4: Philipp Otto Runge, Der kleine Morgen, 1808

vorausweisen oder mehr der Wirklichkeit verpflichtet sind. Für die erste Variante kann Philipp Otto Runge (1777–1810) stehen, der Malerei im Gegensatz zu Friedrich so verstanden hat, dass sie aus dem Inneren des Menschen, aus der »ewigen Seele«, hervorgehe.[6] Wenn sich dort eine Idee oder Empfindung entwickelt hat, wird nach einer äußeren Begebenheit und nach Dingen gesucht, die dazu passen. Nach diesem Plan sind Runges Bilder, etwa »Der kleine Morgen« (1808), auch gebaut.

Hier gibt es zwar Naturgegenstände wie menschliche Körper, Blumen oder eine Wiesenlandschaft. Diese gehören aber einer eigenen, nicht der allgemein geteilten Wirklichkeit an, und hinzu kommen nicht-empirische Elemente (Engelgestalten). Anti-illusionistisch wirken weiterhin die Doppelung von Innen- und Außenbild sowie eine rankenartige Linienführung (die Romantiker nennen diese Linien »Arabesken«). Das zusammen ergibt eine faszinierende Bildwelt, in der man philosophische Ideen, Erlösungswünsche und Träume wiederfinden, in die man sich meditierend hineinbegeben kann.

Eine dagegen stark aus der Wirklichkeit geschöpfte romantische Bildwelt hat der englische Landschaftsmaler John Constable (1776–1837) geschaffen. Auch die englische Lyrik war, wie gesehen, realitätshaltiger als die deutsche. Constables Ölgemälde »Branch Hill Pond, Hampstead Heath, with a Boy Sitting on a Bank« gehört zu einer ganzen Serie von Bildern, die den Teich, den Hügel und die umgrenzende Landschaft von Hampstead Heath nördlich von London darstellen. Dabei variieren die menschlichen Figuren, einmal ist ein Gebäude im Hintergrund zu erkennen, dann wieder sind Wetter und Beleuchtung verschieden, aber immer gleich ist der große Bildanteil, den der Himmel einnimmt.

Abb. 5: John Constable, Branch Hill Pond, Hampstead Heath, with a Boy Sitting on a Bank, etwa 1825

»The sky is the source of light in nature – and governs everything«, hat Constable erklärt,[7] und den Himmel als »chief organ of sentiment« bezeichnet.[8] So verkörpert die Wolkenbildung die Veränderbarkeit aller Formationen wie das Vergehen von Zeit, so steht das Helldunkel für Gegensätze des Lebens, und so erinnert die Weite des Himmels daran, dass Menschen in größere, sich ihnen entziehende Zusammenhänge eingebunden sind. Die untere Landschaftshälfte wird von der oberen Himmelshälfte relativiert. Aber anders als bei Caspar David Friedrich ist Natur nicht nach Ideen strukturiert, und in Constables Bildern herrscht auch keine andächtige Ruhe: Der Junge auf der Bank lehnt sich entspannt zurück, unten werden Pferde getränkt, die Naturgegenstände fließen – durch die flächig-tupfende Pinselführung – ineinander. Constable hat sich zur Natur als Gegenstand der Kunst wie als Quelle der Inspiration bekannt, zu einer Natur, wie er sie alltäglich in Hampstead Heath immer wieder beobachten konnte. Auch in Constables Variante der romantischen Malerei fließen Energien, Wünsche und Hoffnungen in die Landschaft ein, aber sein Unbedingtes liegt ganz nah bei den Dingen und mehr in Empfindungen als in philosophischen Ideen. Es gibt also Wirklichkeitsgrade in der romantischen Bildlichkeit, ohne dass jemals die Dynamik über das Sichtbare hinaus aufgegeben würde.

Wie viele Bestandteile der Romantik ist ihre Bildlichkeit nicht nur in der Hochkultur weiterentwickelt worden, sondern auch in die populären Medien übergegangen. So gibt es zahlreiche Filmszenen, die als romantisch gelten und im Kino oder zu Hause mit verständnisvollen Seufzern oder Tränen begleitet werden. Zu einer der ›most romantic scenes of all times‹ gehört zweifellos jene am Bug der »Titanic« (1997), in der die Liebenden Rose und Jack zueinander finden.[9] Hier werden kulturell bekannte Bildelemente mit einer originellen Idee verknüpft.

Rose (Kate Winslet) und Jack (Leonardo DiCaprio) treffen sich am frühen Morgen der letzten Tagesfahrt der Titanic am Bug. Jack führt Rose zur Spitze der Reling und hält sie, während sie die Sprossen hinaufsteigt. Dabei schließt sie die Augen, die sie erst wieder öffnet, als sie mit ausgebreiteten Armen oben steht. Der Blick von dort über die Weite des Meeres in die Morgenröte führt zu dem überraschten Ausruf: »I'm flying«. In dieser Szene, die ungefähr in der Mitte des Films steht, macht Rose eine doppelte Erfahrung, denn sie fühlt sich frei, während sie vorher in ihrer Familie seelisch gefangen war, und sie liebt aufrichtig, während sie vorher in einer arrangierten Verlobung Zuneigung heucheln musste.

Aus dem bekannten romantischen Bilderreservoir stammen die Übergangssituation des frühen Morgens, der Blick in die Weite sowie die Imagination einer Befreiung von der Schwerkraft. Hier am Bug der Titanic spannt wieder einmal die romantische Seele

Abb. 6: Szenenfoto aus »Titanic«, Copyright © 20th Century Fox Licensing/Everett Collection/picturedesk.com

»weit ihre Flügel aus«, und auch wenn sie anders als in Eichendorffs »Mondnacht« nicht »nach Haus« fliegen will, so fühlt sie sich immerhin aus Zwängen befreit. Der liebende Mann hilft ihr bei dieser Erfahrung, bindet sie aber nicht erneut an – und jemanden, der so eigenwillige Ideen hat wie Jack, darf man küssen, wie Rose es anschließend tut. Romantisch ist die Szene auch, weil die Befreiung auf diesen Moment begrenzt ist, wie der Zuschauer im Gegensatz zu den Akteuren weiß, denn am Abend beginnt der Untergang der Titanic. Neu gegenüber der Romantik ist das konkrete Bildelement der Reling: Sie bildet nun die Schwelle zum Außen. Schon vorher im Film hat sie eine Rolle gespielt, denn an der Heckreling wollte die unglücklich verlobte Rose sich das Leben nehmen, und die vordere Reling war Jack schon einmal hinaufgestiegen und hatte sich zum »König der Welt« ausgerufen. Beide Extreme der todesnahen Depression und der Selbstermächtigung werden überwunden in der Flying-Szene: Der phantasierte König wird zum Helfer der Frau, die wiederum realisiert, wie sich Freiheit anfühlt.

Wechselt man nun von den Bildern in der Malerei und im Film zur Literatur, dann sind es Motive wie in Eichendorffs Gedicht »Sehnsucht«, die im allgemeinen Bewusstsein als romantisch gespeichert sind:

5. »Aussicht ins Unendliche« 69

> Es schienen so golden die Sterne,
> Am Fenster ich einsam stand
> Und hörte aus weiter Ferne
> Ein Posthorn im stillen Land.
> Das Herz mir im Leib entbrennte,
> Da hab' ich mir heimlich gedacht:
> Ach wer da mitreisen könnte
> In der prächtigen Sommernacht![10]

Es ist Sommer, es ist Nacht, ein Mensch steht einsam am Fenster und spürt, ausgelöst durch das Posthorn, Fernweh, möchte auf Reisen gehen. Er befindet sich in einem Innenraum, während die Bewegung draußen stattfindet, und das Fenster verbindet ihn mit der Welt dort, trennt aber auch gleichzeitig von ihr. Ebenso steht seine betonte Einsamkeit dem Wunsch gegenüber, in Geselligkeit »mitreisen« zu können. Das starke Gefühl des ›Entbrennens‹ führt aber nicht zu einem Aufbruch. Das Ich befindet sich also in einem Spannungsverhältnis und kann das Fernweh nur im Anhören eines Lieds ausleben:

> Zwei junge Gesellen gingen
> Vorüber am Bergeshang,
> Ich hörte im Wandern sie singen
> Die stille Gegend entlang:
> Von schwindelnden Felsenschlüften,
> Wo die Wälder rauschen so sacht,
> Von Quellen, die von den Klüften
> Sich stürzen in die Waldesnacht.
>
> Sie sangen von Marmorbildern,
> Von Gärten, die über'm Gestein
> In dämmernden Lauben verwildern,
> Palästen im Mondenschein,
> Wo die Mädchen am Fenster lauschen,
> Wann der Lauten Klang erwacht
> Und die Brunnen verschlafen rauschen
> In der prächtigen Sommernacht. –[11]

Ein wirkliches Mitreisen findet also nicht statt, nur in der Phantasie durchstreift das Ich südliche Landschaften, sieht »Marmorbilder« in der »Waldesnacht« und hört »die Brunnen verschlafen rauschen«. Da die einzelnen Bilder kein geschlossenes Gesamtpanorama ergeben, sondern nur visuelle Reize setzen, sind sie besonders geeignet, um vom Hörer und Leser ergänzt und mit eigenen Erinnerungen oder Wünschen verbunden zu werden. Was das einsame Ich Eichendorffs hier praktiziert, entspricht durchaus gegenwärtigen Gewohnheiten, auch wenn es keine Gesellen mehr gibt, die vorm Fenster vorbeikommen und denen man zuhört. Der Gesang wird stattdessen digital ins Haus geholt, um Reisen in der Vorstellungswelt zu vollziehen.

Eben dies geschieht in Popsongs der Gegenwart, die gern und in höchst erfolgreichen Fällen mit romantischen Bildern arbeiten. Die Songs von Ed Sheeran (*1991) zum Beispiel sind musikalisch so einfach gebaut, dass man in der Küche mitsingen kann: »We watched the sunset over the castle on the hill« (»Castle on the Hill«, 2017). Ein Mann erinnert sich an seine Kindheit und Jugend, an Freundschaften, gemeinsame Erlebnisse, aufregende, aber auch schmerzhafte, und an die erste Liebe mit dem ersten Kuss an einem Freitagabend. Die späteren Lebenswege der Mitglieder seiner Clique sind dagegen von Ernüchterung oder vom Scheitern bestimmt. Während dieses Erinnerungsstroms fährt das Ich in einem Auto einsame Landstraßen entlang, einerseits zurück zu jenem Schloss mit dem Sonnenuntergang, andererseits aber einem Zuhause entgegen, das unbestimmt bleibt (»But I can't wait to go home«). Der Song gleitet nicht in einfache Nostalgie ab, denn die Fahrt dauert an, wie das Ich verkündet (»I'm on my way«), und wenn wir ihn hören, vollziehen wir die Bewegung mit. Das Mangelgefühl, aus dem sie hervorgegangen ist, lässt sich nicht überwinden: »And I miss the way you make me feel, it's real.« Die Bilder der Erfüllung existieren nur im Bewusstsein, und die Realitäten der Jugend dienen als Stimmungsanreize für die »Aussicht ins Unendliche«. Auch Ed Sheerans Romantik ist bestimmt von Aufbrüchen, nur dass diese gegenwärtigen Realitäten angepasst sind: »Driving at ninety down those country lanes.«[12] Den Erfolg des Songs sichern die eingängigen, man könnte auch sagen: stereotypen Jugenderfahrungen, die angerissen werden, wie auch der schwelgerische Refrain, der aus der defizitären Gegenwart heraustrågt.

Solche Beispiele zeigen, wie romantische Landschaften und Stimmungen in verschiedenen Kulturen und Medien seit über 200 Jahren präsent sind. Es wäre allerdings einseitig, nur nach stabilisierenden oder trostreichen Phantasien zu suchen. Denn die »Aussicht ins Unendliche« kann auch zum Erschrecken oder zum Selbstverlust führen, wenn nichts Jenseitiges oder Verheißungsvolles erahnt, sondern nur etwas Unfassbares wahrgenommen wird. Einen solchen Fall stellt das berühmte Gedicht »L'infinito« (1819)

5. »Aussicht ins Unendliche«

des italienischen Dichters Giacomo Leopardi (1798–1837) dar.[13] Schon die Voraussetzung der Landschaftserfahrung ist hier eine andere, denn an die Stelle des Aufbruchswunsches ist der Rückzug getreten. Die Verbindung zu anderen Menschen wird nicht mehr gesucht. Die Natur erscheint nicht als verlockend wie in Eichendorffs »Sehnsucht«, sondern als karg:

> Stets war lieb mir dieser einsame Hügel
> und diese Hecke, die zum größeren Teile
> dem Blick den fernsten Horizont entzieht.
> Doch wenn ich sitze und schaue: grenzenlose
> Räume jenseits von ihr und Menschenmaß
> übersteigendes Schweigen und tiefste Ruhe
> stell ich im stillen mir vor, bei der nur kurz
> das Herz verweilt ohne Angst. Und wie ich den Wind
> rauschen höre in diesen Büschen, vergleich ich
> jene unendliche Stille mit dieser Stimme,
> und in den Sinn kommen mir die Ewigkeit
> und die vergangenen Zeiten und die lebendige
> Gegenwart und ihr Klang. Und so, in dieser
> Unermeßlichkeit, ertrinkt mein Denken,
> und süß ist mir, Schiffbruch zu leiden in diesem Meere.[14]

Das Unbedingte in dieser Form der Romantik zieht den Menschen zwar an, ängstigt ihn aber auch. So gehört zum Hügel mit der weiten Aussicht die Hecke, die nur einen begrenzten Blick auf den Horizont ermöglicht, dem Menschen geradezu Schutz vor der Weite gibt. Doch der Ausschnitt genügt, damit man sich »grenzenlose Räume« und Zustände ausmalen kann, die für »Menschenmaß« nicht fassbar sind. Solche Vorstellungen hält das Ich nicht lange ohne Angst aus. Als dann aber ein Windrauschen durch die Büsche geht, wird die Gedankenbewegung fortgeführt und vertieft. Der Wind wird mit der Stille der Unendlichkeit verglichen, in der es kein Leben gibt, und direkt anschließend geht es um das Verhältnis der Zeiten zueinander und um die »Ewigkeit«, um die großen philosophischen Fragen also, die sich beim Blick zum Horizont auftun. Damit ist die Vernunft aber überfordert, das Denken muss wie ein Schiff im Meer untergehen. Am Ende dieses Kontakts mit dem Unbedingten steht also der Selbstverlust, der allerdings auch als Genuss erlebt wird, »süß« ist.

Über Leopardis Verhältnis zur Romantik besteht keine Einigkeit. Die romantischen Kerngedanken kannte er aus Übersetzungen von August Wilhelm Schlegels Vorlesungen und aus Madame de Staëls (1766–1817) »De l'Allemagne« und »Corinne ou l'Italie«. Gelegentlich hat er sich von der Romantik abgegrenzt, aber auch, weil er sie als kulturell fremde Bewegung ansah, die den Italienern aufgezwungen werden sollte. Zudem muss man Phasen in seinem Werk mit unterschiedlichen Positionsnahmen unterscheiden. Bleibt man beim Gedicht »L'infinito«, dann erkennt man Gemeinsamkeiten mit der Romantik: Das Denken richtet sich auch bei Leopardi auf einen Bereich jenseits der Grenzen menschlicher Erfahrung. Das Unendliche überfordert auch bei ihm das menschliche Erkenntnisvermögen, das nur auf Phänomene innerhalb der Welt zugeschnitten ist. Deshalb wird die Begrenzung durch die Hecke auf dem Hügel zunächst als hilfreich bezeichnet. Das Gedicht beschäftigt sich also mit den Grenzen des Bewusstseins und vollzieht gleichzeitig eine Bewegung über sie hinaus.

Aber es gibt auch Unterschiede zur bisher dargestellten Romantik, denn hinter der bekannten Wirklichkeit wartet nichts Verheißungsvolles oder Wunderbares. Wo Novalis von einem »absoluten Grund« sprach und damit auch etwas Stabilisierendes meinte, Eichendorff von einem Zuhause, Thoreau beim Wandern in einer lichtdurchfluteten Landschaft ans Jenseits denken konnte, wo die romantischen Maler Geborgenheitsgefühle hervorriefen, steht bei Leopardi am Ende das Scheitern. Dieses wird zwar »süß« genannt, aber es ist mit Angst besetzt, denn der Mensch verliert sein Selbst, erleidet Schiffbruch. Leopardis Romantik ist skeptisch und melancholisch getönt. Wir werden noch sehen, dass er mit dieser Wendung hin zur Schattenseite der Romantik keineswegs alleinsteht und dass die romantische Suche ohne festes Ziel immer auch in Angst und Depression enden kann.

Die Weite romantischer Bilder kann, so hat sich damit gezeigt, Verlorenheitsgefühle auslösen, aber sie kann auch in eine Spannung zur Enge der gesellschaftlichen Wirklichkeit treten. Situationen, in denen man seinen Sehnsüchten folgen möchte, die soziale Umwelt dies aber verhindert, treten im Verlauf der Entwicklung der Romantik immer stärker ins Bild. Heinrich Heine ist so ein später Romantiker, der hohe Ideen an der Wirklichkeit zerplatzen ließ, und Annette von Droste-Hülshoff (1797–1848), die im gleichen Jahr wie Heine geboren wurde, ist ebenfalls eine Autorin, die Freiheitswünsche und reale Einschränkungen in ein spannungsvolles Verhältnis setzt. Die erste Generation der Romantiker, um 1770 geboren, hatte menschheitlich gedacht und noch wenig in den Blick genommen, dass ganze Gruppen geringere Bewegungs-

5. »Aussicht ins Unendliche«

möglichkeiten besaßen, weil sie sozial, geschlechtlich oder mental festgelegt waren. Annette von Droste-Hülshoff war als Mitglied einer Adelsfamilie Rollenvorgaben unterworfen, sie war als Frau in ihren Entfaltungsmöglichkeiten eingeschränkt, und sie besaß eine höchst empfindungsfähige Disposition. Immer wieder treten in ihren Gedichten Ängste, Spaltungen und Wahnzustände auf.

Interessant ist ein Blick auf ihre äußere Erscheinung, denn sowohl Porträtgemälde wie auch eine Daguerreotypie (eine Vorform der Fotographie) aus dem Jahr 1845 zeigen sie mit streng zurückgebundenem und geflochtenem Haar. Diese Frisur gehorcht sozialen Erwartungen, kann aber auch symbolisch verstanden werden, wie ihr Gedicht »Am Turme« aus dem Jahr 1842 zeigt. Hier werden das Lösen der strengen Frisur und das Wühlen des Windes durch die Haare zu Freiheitszeichen. Ein weibliches Ich steht auf einem »hohen Balkon am Turm« und sieht von dort über den Strand hinweg zum Wasser und zu einem Schiff. Versteht man die Szene biographisch, so kann man an den Wohnsitz Droste-Hülshoffs auf der Meersburg am Bodensee denken (wo man noch heute die Wohnräume der Autorin besichtigen kann). Doch das Gedicht geht über dieses konkrete Szenario hinaus, denn der See wird zum Meer, in dem es Korallen und ein Walross gibt:

Ich steh' auf hohem Balkone am Turm,
Umstrichen vom schreienden Stare,
Und laß' gleich einer Mänade den Sturm
Mir wühlen im flatternden Haare;
O wilder Geselle, o toller Fant,
Ich möchte dich kräftig umschlingen,
Und, Sehne an Sehne, zwei Schritte vom Rand
Auf Tod und Leben dann ringen!

Und drunten seh' ich am Strand, so frisch
Wie spielende Doggen, die Wellen
Sich tummeln rings mit Geklaff und Gezisch,
Und glänzende Flocken schnellen.
O, springen möcht' ich hinein alsbald,
Recht in die tobende Meute,
Und jagen durch den korallenen Wald
Das Walroß, die lustige Beute!

Und drüben seh' ich ein Wimpel wehn
So keck wie eine Standarte,
Seh auf und nieder den Kiel sich drehn

Von meiner luftigen Warte;
O, sitzen möcht' ich im kämpfenden Schiff,
Das Steuerruder ergreifen,
Und zischend über das brandende Riff
Wie eine Seemöwe streifen.

Wär ich ein Jäger auf freier Flur,
Ein Stück nur von einem Soldaten,
Wär ich ein Mann doch mindestens nur,
So würde der Himmel mir raten;
Nun muß ich sitzen so fein und klar,
Gleich einem artigen Kinde,
Und darf nur heimlich lösen mein Haar,
Und lassen es flattern im Winde![15]

Mit dem Standpunkt des Balkons wird eine Enge an den Anfang des Gedichts gesetzt. Davor öffnet sich die Weite des Landschaftspanoramas. Die Sprecherin möchte sich bewegen, will ringen, jagen, streifen und kämpfen, stattdessen aber sitzt sie nur artig auf ihrem Aussichtspunkt. Bezeichnenderweise erinnert sie sich an Frauenrollen, die in der Vergangenheit freie Bewegungen und ekstatische Erfahrungen ermöglichten, nämlich an die antiken Mänaden, die dem Gott Dionysos folgten und sich in rauschhaften Phantasien und Handlungen ergingen. Auch eine angestaute Aggressivität tritt hervor, denn mehrmals erklärt diese Frau, dass sie kämpfen will, wenigstens »ein Stück von einem Soldaten« sein möchte. Aber sie befindet sich eben nicht auf »freier Flur«, und daher bleibt diese späte Romantik Gedankenspiel und Geste: Sie äußert sich nicht in der Dynamik eines Lebenslaufs, sondern im Lösen des Haars, das zudem noch »heimlich« geschieht. Der Wind, der hindurchgeht, bringt eine kleine Erfüllung, größere wäre nur möglich, wenn sie ein Mann wäre, denn als Frau bleibt sie sozial unmündig, ein »Kind«. Das romantische Postulat der Bewegung, wie es von Novalis bis zu Eichendorff galt, ist auf das Flattern der Haare und die Phantasietätigkeit reduziert, es herrscht die gehemmte Bewegung.

Geblieben ist die »Aussicht ins Unendliche«, die den romantischen Bildtyp charakterisiert, von der Literatur Eichendorffs oder Leopardis über die Malerei Friedrichs und Constables bis hin zur gegenwärtigen Popkultur mit dem Ausruf »I'm flying«.

6. Romantik in der Praxis: Politik

In den bisherigen Kapiteln erschien die Romantik als Bewegung innerhalb der Künste oder des Denkens. Fragmente, Essays, Gedichte, Romane und Bilder wurden vorgestellt, um die ästhetischen Bestrebungen der Romantiker zu verstehen. Aber ihre Ansprüche gingen, wie einige der zitierten Werke schon zeigten, weit darüber hinaus. Die Autoren entwickelten Ideen für die Lebensführung oder wollten ein Gefühl schaffen, das bis in den Alltag hineinwirkte. Davon ist noch heute etwas zu spüren, wenn zum Beispiel von einem ›romantischen Abend‹ gesprochen wird. Da geht es nicht um ein Kunstwerk, sondern um den Eindruck, mit einem anderen Menschen etwas erlebt zu haben, das jenseits des Gewöhnlichen liegt. In einer der wichtigsten programmatischen Erklärungen der Romantik, im 116. »Athenäums«-Fragment, skizziert Friedrich Schlegel eine solche Bewegung aus der Kunst in das Leben hinein. Er beginnt mit der »romantischen Poesie« und fordert eine Vereinigung bisher getrennter Kunstgattungen, überquert dann die Grenze von Leben und Kunst, denn es solle nicht nur die »Poesie lebendig und gesellig«, sondern »das Leben und die Gesellschaft poetisch« werden. Romantiker sollen sich nicht auf den gesellschaftlichen Teilbereich der Kunst beschränken, sondern sich auch für so kunstferne Phänomene wie zum Beispiel den »Seufzer« eines Kindes interessieren.[1]

Am Beispiel des »Romantisierens« zeigte sich bereits, wie Geschehnisse des normalen Lebens einen höheren Wert erlangen können, wenn der Bergmann im »Heinrich von Ofterdingen« Einsichten während seiner Arbeit gewinnt, die ihm dadurch nicht sinnlos-mechanisch vorkommt; oder wenn Wordsworth den Anblick des morgendlichen London beschreibt, das ganz still und friedlich daliegt, und diesen Eindruck datiert und damit als wirklich geschehen beglaubigt: »Westminster Bridge, September 3, 1802«. Natürlich handelt es sich im ersten Fall um einen Roman, im anderen um ein Gedicht, aber beide sind auch geschrieben worden, um Menschen zu ermutigen, ihre Alltagstätigkeit nicht leer und routiniert abzuleisten, sondern Momente einer gesteigerten Wahrnehmung in der Erinnerung festzuhalten.

Diese Ausweitung des Ästhetischen ist nicht nur eine Sache des Privatlebens, sondern soll auch, wie Friedrich Schlegel sagt, die »Gesellschaft« verändern. Die ersten Romantiker sind geprägt von jenem Aufbruchsgeist um 1800 mit dem größten Optimismus für die Reichweite und die Veränderungskraft der Kunst. Friedrich Schiller hatte diese Zukunftshoffnung schon im Titel seiner Abhandlung »Über die ästhetische Erziehung des Menschen« zum Ausdruck gebracht. Waren die Romantiker ansonsten mit Schiller auch oft uneins: Diesen Glauben, dass besondere, »ästhetische« Empfindungen die Menschen und deren inneren Zustand, aber darüber hinaus auch die praktische Organisation einer Gesellschaft verändern könnten, teilten sie ganz und gar. Es lässt sich auch nachweisen, dass romantisches Gedankengut in verschiedene Gesellschaftsbereiche eingedrungen ist und dort mehr oder weniger stark gewirkt hat. So hat Friedrich Schleiermacher mit seiner Abhandlung »Über die Religion. Reden an die Gebildeten unter ihren Verächtern« erheblichen Einfluss in der Theologie wie in der religiösen Praxis gewonnen und gilt bis heute weltweit als einer der wichtigsten protestantischen Denker. Denn er hielt zwar am Christentum fest, veränderte es aber im romantischen Sinn: Religion sei weder »Denken noch Handeln«, sondern »Anschauung und Gefühl«[2]. Angeschaut wird nicht Gott, sondern »das Universum«, etwas Physikalisches und gleichzeitig Geistiges, das über die uns bekannte Welt hinausreicht und uns alle verbindet. Als Beispiel einer solchen Anschauung nennt Schleiermacher den Blick zum Sternenhimmel, in jenes »unendliche Chaos, wo freilich jeder Punkt eine Welt« vorstellt.[3] So vervielfältigte Schleiermacher die religiösen Erfahrungen und befreite sie von verbindlichen, dogmatischen Glaubensinhalten, ohne das Band zur christlichen Religion allerdings ganz zu kappen.[4]

Im 19. Jahrhundert kam es auch zu einigen spannungsvollen Versuchen, die Naturwissenschaften romantisch zu verändern.[5] In der ersten Generation sind es Novalis, Schelling und der Physiker Johann Wilhelm Ritter (1776–1810), die einerseits die experimentelle Naturforschung der Zeit zur Kenntnis nehmen oder wie Ritter selbst betreiben, diese andererseits mit philosophischen, religiösen oder ästhetischen Ideen anreichern. »Was wir Natur nennen, ist ein Gedicht, das in geheimer wunderbarer Schrift verschlossen liegt«, erklärt Schelling.[6] Er fordert außerdem, dass die höchsten

6. Romantik in der Praxis: Politik

Prinzipien einer zukünftigen Gesellschaft in der Natur anschaulich werden sollen, als moderne »Naturgötter«[7]. In der Ablehnung spezialisierter Teilwissenschaften, deren Ergebnisse gedanklich und emotional nicht mehr berühren, sind sich die Romantiker mit Goethe einig. Auch er führte Kämpfe gegen viele Experten seiner Zeit, um die wissenschaftlich durchdrungene Natur als religiösen Erfahrungsraum zu erhalten. Aber die Mehrheit der Naturforscher des 19. Jahrhunderts interessierte sich für solche Vorstellungen wenig, und ihre Experimente und Studien brachten Ergebnisse hervor, die nichts Höheres bedeuten sollten oder diesem sogar entgegenwirkten. Am deutlichsten schlug sich dies später in der Evolutionsbiologie nieder, die mit ihren kalten Prinzipien der Mutation und Selektion der Natur die religiöse Restwärme nahm.

Neben der Religion und den Naturwissenschaften stellt die Politik einen dritten Bereich dar, auf den die Romantiker einwirkten. Ihre Vorstellungen dazu sind bis heute interessant. Man muss sie keineswegs überzeugend finden, aber da sie auf ein Dauerproblem der Moderne reagieren, lohnt sich das Mitdenken. Den Anfang machte Novalis, als er seine Fragment-Sammlung »Glauben und Liebe« 1798 nicht im romantischen »Athenäum«, sondern in den »Jahrbüchern der preußischen Monarchie« veröffentlichte, einer Zeitschrift des königlichen Hofs und damit der politischen Welt.[8] Der Veröffentlichungsort war durchaus stimmig, denn Novalis nimmt in seinen Fragmenten ganz direkt Bezug auf gegenwärtige politische Ereignisse, vor allem auf den Herrschaftsantritt Friedrich Wilhelms III. (1770–1840) und seiner Frau Luise von Mecklenburg-Strelitz (1776–1810) im Jahr 1797; er argumentiert historisch, wenn er das Preußen unter Friedrich dem Großen kritisiert, und er schaltet sich in Grundsatzdebatten um Monarchie und Demokratie ein. Vor allem aber unterbreitet er zahlreiche Vorschläge zur Neugestaltung Preußens, zum Beispiel folgenden: »Jede gebildete Frau und jede sorgfältige Mutter sollte das Bild der Königin, in ihrem oder ihrer Töchter Wohnzimmer haben.«[9] An anderer Stelle bezieht er sich auf ein Marmorstandbild Johann Gottfried Schadows (1764–1850), das Luise und ihre Schwester Friederike (1778–1841) zeigt und das heute in der Alten Nationalgalerie in Berlin zu bewundern ist.

Abb. 7: Johann Gottfried Schadow, Prinzessinnengruppe, 1795/97

Um diese einerseits klassizistisch, gleichzeitig aber freizügig gestaltete und sogar ein wenig laszive Prinzessinnengruppe herum soll, so schlägt Novalis vor, eine »Loge der sittlichen Grazie« gestiftet werden. Die junge weibliche Welt aus den kultivierteren Kreisen solle sich um das Standbild herum versammeln, das zum Zentrum einer »Bildungsanstalt« wird. Ästhetische Erziehung durch das Anschauen schön geformter Prinzessinnen also: An solchen Stellen muss man auch bedenken, dass Novalis und seine Freunde temperamentvolle, sinnlich veranlagte junge Männer waren, als sie die Romantik erfanden.

Um solche Vorschläge aber ernsthaft einordnen zu können, ist zu fragen, auf welche Herausforderungen Novalis mit seiner Schrift »Glauben und Liebe« reagierte. Im Hintergrund steht die

6. Romantik in der Praxis: Politik

Staatstheorie von der Neuzeit bis zur Französischen Revolution, auf die Novalis punktuell auch immer wieder eingeht. Seit der Reformation, der Spaltung des Christentums und den Religionskriegen des 17. Jahrhunderts bestand in vielen europäischen Staaten ein faktischer Pluralismus in Glaubensfragen. Man konnte daher nur noch erschwert oder in sehr allgemeiner Form auf die Religion als Fundament der öffentlichen Ordnung zurückgreifen. Daher hatten sich andere Modelle zur Begründung des Staates und zur Integration der Gesellschaft entwickelt. Die Bürger sollten den Staat deshalb akzeptieren, weil er ihren Interessen diente. Er konnte sich dadurch rechtfertigen, dass er den Frieden sicherte und den jederzeit drohenden Krieg aller gegen alle unterband – das war die Lösung von Thomas Hobbes (1588–1679), die für die absolutistischen Staaten des 17. und 18. Jahrhunderts maßgeblich wurde. Im aufgeklärten Absolutismus kam die Vorstellung hinzu, dass der Staat durch eine kluge Wirtschaftspolitik auch für ein gewisses materielles Wohlergehen seiner Bürger sorgen solle. Auf solche politischen Ideen bezieht sich Novalis, wenn er ablehnend erklärt: »Das Prinzip des alten berühmten Systems ist, jeden durch Eigennutz an den Staat zu binden.«[10]

Mit der Französischen Revolution, deren Zeitzeugen die Romantiker waren, wurde das neue Modell der bürgerlichen oder offenen Gesellschaft schrittweise realisiert. Hier besteht die wichtigste Aufgabe des Staates darin, die Grundrechte des Einzelmenschen zu sichern. Diese Grundrechte sind im Kern Freiheitsrechte. Das Streben des Individuums nach einem Leben, das ihm als gut und richtig erscheint, darf möglichst wenig beschränkt werden. Seine Grenze findet es nur am gleichen Recht aller anderen. Die Grundrechte werden in einer Verfassung niedergelegt, während die Gesetze nach öffentlichen Debatten in Abstimmungen beschlossen werden. Die Mehrheitsmeinung, die sich durchsetzt, ist der Kritik und der Veränderung ausgesetzt, wie offene Gesellschaften ohnehin in ständiger Diskussion und Bewegung begriffen sind. Auch dieses Modell lehnt Novalis ab, denn der »papierne Kitt« einer Verfassung verbinde Menschen nur oberflächlich, und wer nach der neuen »französischen Manier« für eine Republik in der »repräsentativen Form« votiert und sich für »Wahlversammlungen« einsetzt, der wird als geist- und herzloser »Philister« abqualifiziert.[11]

Die Romantik wählt einen dritten Weg zwischen der alten absolutistischen Ordnung und der neuen Idee der Demokratie, denn sie will den Staat und die Gesellschaft über »Glauben und Liebe« integrieren, wie es der Titel der Sammlung ankündigt. »Uneigennützige Liebe im Herzen und ihre Maxime im Kopf«[12] sei die Basis der Staatsverbindung, behauptet Novalis, und damit der Staat das Herz der Bürger erreicht, muss er sichtbar und erlebbar sein – daher die zitierten Vorschläge zum Bild der Königin in den Wohnzimmern und zum Marmorstandbild Schadows. Novalis hält damit an der Monarchie fest. Ein wahrhaftes Königspaar erreiche »den ganzen Menschen«, während die abstrakte Republik mit ihrer Verfassung »für den bloßen Verstand« gemacht sei.[13] Wenn sich die Bürger an den Herrschern als Idealmenschen orientieren, könne man auf eine Veredlung der »öffentlichen Gesinnung« hoffen. Der romantische Staat greift also weit aus, will die Gesellschaft formieren und den Einzelnen erziehen, in dessen Privatbereich er mit seinen Zeichen und Symbolen hineinreicht.

Es würde aber zu kurz greifen, die Romantiker als im einfachen Sinn konservativ oder gar als reaktionär zu bezeichnen, denn sie sind nicht am Erhalt oder der Wiederherstellung der absolutistischen Monarchien des 18. Jahrhunderts interessiert.[14] Preußen unter Friedrich dem Großen (1712–1786) sei als »Fabrik verwaltet« worden, behauptet Novalis. Eine solche »maschinistische Administration« richte den Staat aber letztlich zu Grunde. Die Romantiker stellen sich einen neuen Staat vor, der zwar monarchisch organisiert ist, aber auch Elemente der Republik, also des revolutionären Zeitalters, enthält. In der Zukunft werden König und Republik vereint und »untheilbar« sein,[15] »alle Menschen sollen thronfähig werden«[16]. Der König ist faktischer Herrscher, aber zugleich dient er als Symbol einer idealen Ordnung. Damit kommt die romantische Grundspannung zwischen dem Bedingten, hier Friedrich Wilhelm III., und dem Unbedingten, dem »Idealmenschen«[17], auch in der Politik zur Geltung. Auch die Formulierung mancher Fragmente zeigt, dass Novalis zwar vom konkreten Preußen spricht, dieses aber so ansehen möchte, dass es eine Utopie verkörpert: »Wer den ewigen Frieden jetzt sehn und lieb gewinnen will, der reise nach Berlin und sehe die Königin.«[18] Natürlich wusste Novalis, dass in Berlin nicht der ewige Friede Einzug gehalten hatte, und daher ist es vielleicht auch konsequent, dass er selber nie nach Berlin gefahren ist.

In solchen bewussten Übertreibungen und in Formulierungen wie »Der König ist ein zum irdischen Fatum erhobener Mensch«[19] kann man vielleicht auch Spuren von Ironie erkennen, jedenfalls

6. Romantik in der Praxis: Politik

den Hinweis, dass nicht alles wörtlich zu nehmen ist. Einmal erklärt Novalis, gegen mögliche Nachfragen oder Bedenken gerichtet, auch ganz direkt: »Wer hier mit seinen historischen Erfahrungen angezogen kömmt, weiß gar nicht, wovon ich rede«.[20] Den Anfang der Sammlung »Glauben und Liebe« bilden zudem Sprachreflexionen, die vorausschicken, dass im Folgenden anders als in üblichen politischen Texten auch poetisch-bildlich und damit indirekt gesprochen wird.[21]

Aber auch wenn man diese Einschränkungen mitbedenkt und sieht, dass Novalis von einem idealen Preußen spricht, enthält »Glauben und Liebe« problematische Tendenzen, die für die politische Romantik in der Folgezeit charakteristisch bleiben. Das ist zum einen die Vorrangstellung der Gemeinschaft vor den individuellen Rechten. Ist es denn wirklich wünschenswert, dass »jede« Frau in ihrem Zimmer das Bild der Königin hängen hat? Und was geschieht, wenn einige oder viele Frauen dies nicht möchten? Wird ihr abweichender Wille respektiert, oder anders gesagt: Welchen Platz nehmen Freiheitsrechte im romantischen Denken ein? Solche Fragen stellt man heute mit erhöhter Sensibilität, weil man von den Zwangsregimen des 20. Jahrhunderts weiß, mit denen Novalis in keiner Beziehung steht. Aber grundsätzlich treffen die Romantiker eine Entscheidung gegen die liberale Gesellschaft westlichen Typs, für eine starke Durchdringung von Staat und Gesellschaft und für eine politische Identitätsbildung über gemeinsame Überzeugungen und Gefühle.

Diese Einstellungen waren im deutschen politischen Denken des 19. und 20. Jahrhunderts gerade in intellektuellen und kulturellen Kreisen weit verbreitet, wenn auch nicht nur als Folge der Romantik. Dies gilt ebenso für jene Geringschätzung ökonomischer Fragen, die Novalis provokativ auf die Agenda setzt: Eine Regierung solle sich nicht dadurch auszeichnen, dass jeder Untertan »alle Sonntage ein Huhn mit Reiß auf seinen Tisch bringen« könne; vorzuziehen sei eine Regierung, »unter welcher der Bauer lieber ein Stück verschimmelt Brod äße, als Braten in einer andern, und Gott für das Glück herzlich dankte, in diesem Land geboren zu seyn«[22]. Da die erstgenannte Regierung eine französische ist – Novalis bezieht sich auf eine Aussage Heinrichs IV. von Frankreich –, enthält »Glauben und Liebe« auch schon erste Spuren jenes Nationalismus, der in den folgenden Jahrzehnten zur Leitideologie werden sollte. Noch handelt es sich nur um eine intellektuelle Spielerei, und sie ist geistreich formuliert: Ein blühendes Land ist ein größeres Kunstwerk als ein Park. Ein Park ist eine englische Erfindung, »ein Land das Herz und Geist befriedigt, dürfte eine deutsche Erfindung werden«[23]. Vollständig harmlos sind solche Scherze dennoch nicht, denn Novalis trägt seinen kleinen Anteil zu jenem anti-westlichen Hochmut bei, der in den gebildeten Kreisen Deutschlands seinen Weg nahm.

Aussagekräftig ist schließlich auch die erste Reaktion auf die Veröffentlichung von »Glauben und Liebe« in der Zeitschrift des preußischen Hofs. Denn so sehr Romantiker politische Einstellungen beeinflussen können, so schwierig ist ihr Verhältnis, das zeigt schon dieser Anfang, zur Regierungspraxis. Die Realpolitik, die zahlreichen Bedingungen unterliegt, wehrt sich gegen das Unbedingte. Der adressierte König Friedrich Wilhelm III. soll nach der Lektüre geäußert haben: »Von einem König wird mehr verlangt als er zu leisten fähig ist. Immer wird vergessen, daß er ein Mensch sey. Man solle nur einem Mann, der dem König seine Pflichten vorhält vom Schreibepult zum Thron bringen und dann wird er erst die Schwierigkeiten sehen, die [ihn] umgeben und die nicht möglich zu heben sind.«[24] In einer von Friedrich Schlegel überlieferten (nicht ganz uneitlen) Anekdote zeigen sich ebenfalls die Schwierigkeiten der Romantiker mit ihren Herrschern: »Der König hat den Glauben und Liebe gelesen aber nicht verstanden, und daher dem Obristlieutenant Köckeritz Ordre gegeben, ihn zu lesen. Weil dieser ihn aber gleichfalls nicht verstanden, hat er den Consistorialrath Niemeyer zu Rathe [gezogen]. Dieser hat auch nicht verstanden, worüber er höchlich entrüstet geweßen und gemeynt hat, es müsse gewiß einer von den beyden Schlegeln geschrieben haben.«[25]

Mit »Glauben und Liebe« liegen die Grundideen der politischen Romantik vor. Sie waren als Antwort auf die Französische Revolution und die Krise der alteuropäischen Ordnung entwickelt worden, aber um 1800 bestand noch kein unmittelbarer Handlungsdruck, und Friedrich von Hardenberg musste auch keine direkten Kriegserfahrungen machen. Dies änderte sich mit den Napoleonischen Kriegen und der Auflösung des ›Heiligen Römischen Reiches Deutscher Nation‹ (1806). Für den utopischen, auch ein wenig spielerisch-idyllischen Charakter von »Glauben und Liebe« war kein Platz mehr. Die von Novalis in ihrer jugendlichen Schönheit dargestellte Königin Luise geriet zu einer Ikone der Kriege gegen Napoleon. Nach den ersten militärischen Niederlagen und einer dramatischen Flucht bat sie bei einem Treffen mit dem Kaiser um einen großzügigen Frieden für Preußen. Als Luise 1810 starb,

6. Romantik in der Praxis: Politik

entstand eine Fülle sie glorifizierender Literatur. Immerhin erinnerte Adam Müller (1779–1829), ein romantischer Staatsdenker dieser zweiten Phase, dabei an den vor Jahren verstorbenen Novalis, der als »Herold seiner Königinn, Ihr in das Land vorangieng, wohin sie jetzt gefolgt«[26].

Adam Müller gehörte auch zu den Gründern einer Versammlung, die sich ab 1811 in Berlin traf und »Deutsche Tischgesellschaft« oder auch »Deutsche christliche Tisch-Genossenschaft« hieß.[27] Zu den Mitgliedern zählten Adelige und Bürger, Militärs, Professoren und Künstler. Eine starke Gemeinsamkeit bestand in der Bindung an Preußen oder darüberhinausgehend schon an die deutsche Nation, kontrovers sprach man über jene politischen Reformen, die Preußen liberaler und damit wieder zukunftstüchtig machen sollten. Von den romantischen Autoren nahmen Achim von Arnim und Clemens Brentano teil, die in der Heidelberger Wohngemeinschaft zusammengelebt und die Liedersammlung »Des Knaben Wunderhorn« herausgegeben hatten. Schon das Vorwort des dritten Bandes dieser Sammlung von 1808 enthielt kulturnationalistische Töne, die in der Berliner Versammlung erheblich schärfer wurden und sich zu antisemitischen Ausfällen steigerten. Achim von Arnim hielt 1811 bei einem Treffen der Tischgesellschaft die Rede »Über die Kennzeichen des Judentums«, in der die Juden über Körpermerkmale, Eigenschaften (Geldgier) oder abstoßend-absurde Anekdoten diffamiert wurden:

Wie glücklich wären wir, wenn sich ein Kennzeichen für die Judenschaft so sicher entdecken liesse, wie die Juden für die Jungfernschaft ihres Volkes aufgefunden haben, sie setzen nämlich solch ein beschuldigtes Mädchen nackt auf das Spundloch eines Weinfasses, dann küssen sie nach einer Stunde ihren Mund, ist der Weinduft bis dahin durchgedrungen so ist sie schuldig, das Nichtgeruch spricht sie aber frey.[28]

Sein Freund Clemens Brentano hatte mit der Satire »Der Philister vor, in und nach der Geschichte« (1811) vorgearbeitet. Er sah sie als »scherzhafte Abhandlung« an. Es ist gerade dieser Ton, der in seiner Verbindung von Scherz und Satire mit niedersten Unterstellungen und Ausfällen verstörend wirkt. Brentano begründet hier, warum für die Menschengruppen der Philister und der Juden kein Platz in der Tischgesellschaft sei. Der Philister als Typ sei »der ausgeborne Feind aller Idee, aller Begeisterung, alles Genies und aller freien göttlichen Schöpfung«[29] und zusammen mit dem Juden für das Unheil der Welt verantwortlich, beide bilden jeweils einen »Giftpol«[30]. Das Schwein könne als »Mittler«[31] zwischen beiden fungieren. Die Schrift lässt kaum ein antisemitisches Klischee aus, wertet die Juden mit Tiervergleichen ab (als die »von den ägyptischen Plagen übriggebliebenen Fliegen«[32]), legt sie körperlich fest (Nasenform und Bart), verspottet ihre Kleidung und unterstellt ihnen eine Fixierung aufs Ökonomische (»wollen Geschäfte machen«, »hütet euch, ihnen nichts vorauszubezahlen«[33]). Als fatal und zukunftsträchtig erweist sich gerade die Verbindung der Juden mit den Philistern. Beide gelten als Gruppen, die an nichts Höheres glauben und nur ihrem Eigennutz folgen. Damit seien sie Protagonisten und Nutznießer einer Moderne, die alle großen Ideen verächtlich mache. Im Antisemitismus des 19. und 20. Jahrhunderts wurde diese Kopplung des Jüdischen mit der Durchsetzung einer Moderne, die keine gemeinsamen Ideen mehr kenne, sondern nur noch Funktionslogiken folge, immer wieder hergestellt.

Es war nicht zwingend, dass die politische Romantik antisemitische Vorstellungen aufgriff und verschärfte, denn die Anfänge der Romantik im Berlin vor 1800 standen im Zeichen der Salons, in denen Juden und Christen zwanglos zusammentrafen. Diese Salons waren auch keine Männerwelt wie die »Tischgesellschaft«. Dennoch liegt ein Risiko in der Anlage der romantischen Politikvorstellung. Denn wenn eine Gesellschaft wie bei Novalis über die »Gesinnung«[34] integriert oder wenn der Staat wie von Adam Müller als »innigste Verbindung der gesamten physischen und geistigen Bedürfnisse« einer »Nation« angesehen wird,[35] dann gehen solche engen und anspruchsvollen Einschließungen fast notwendig mit Ausschließungen einher. Wo es eine richtige Gesinnung gibt, fällt der Blick auf Abweichler davon, auf Menschen, die nicht zur »innigsten Verbindung« gehören, weil sie andere »physische und geistige Bedürfnisse« besitzen. Üblicherweise sind Zeiten krisenhafter Umbrüche oder rascher politischer Veränderungen besonders anfällig für solche Ausschließungen.

Dies ist eine Neuakzentuierung gegenüber der Frühromantik: Auch dort gab es schon Tendenzen der Ausschließung, aber diese werden nun erheblich stärker. Die geforderte soziale Harmonie grenzt sich aggressiv nach innen und nach außen ab. Eine zweite Veränderung besteht in der Konkretisierung des politischen Handelns. Novalis hatte in politischen Grundsatzdebatten Position bezogen und in »Glauben und Liebe« einige halb praktische, halb poetische Vorschläge formuliert, aber Adam Müller griff ganz direkt

6. Romantik in der Praxis: Politik

in tagespolitische Auseinandersetzungen ein. Dabei ging es um die preußischen Reformen nach der Niederlage gegen Napoleon. Gegen den Kanzler Karl August von Hardenberg und dessen Ideen einer Liberalisierung der Wirtschaft und einer Vereinheitlichung der Verwaltung, die mit dem Wegfall von Adelsprivilegien und Sonderrechten verbunden waren, wurde Adam Müller zum führenden Publizisten aristokratischer Interessen. Während sich Novalis in »Glauben und Liebe« für Intellektuelle interessierte, die den König zukünftig umgeben und beraten sollten, also für einen Geistesadel, agiert Müller auf Seiten des real existierenden Adels. Seine Grundideen sind denen von Novalis verwandt, denn er teilt die Sorge vor einer allgemein-abstrakten Verfassung, die das »Eigentümliche« und »Besondere« verschwinden lasse.[36] Aber er zieht daraus die Folgerung, sich in den Parteikämpfen der Zeit auf eine Seite zu schlagen und die Verteidiger ständischer Sonderrechte zu unterstützen – das wäre Novalis nicht in den Sinn gekommen.

Adam Müller konnte sich zunächst mit seinen Positionen nicht durchsetzen, aber sehr viel später schienen seine Bemühungen und die seiner Parteigänger in der »Tischgesellschaft« doch noch Erfolg zu haben. Denn als Friedrich Wilhelm IV. (1795–1861) preußischer König wurde, kam im Jahr 1840, wie schon die Zeitgenossen feststellten, ein ›Romantiker auf den Thron‹.[37] In seiner Jugend hatte er intensiv die romantische Literatur studiert, darunter auch »Glauben und Liebe«, das seine Eltern darstellte und an sie gerichtet war. Einige seiner Berater waren Mitglieder der »Tischgesellschaft« gewesen, und er selbst hielt Kontakt zu romantischen Autoren, vor allem zu seinem Lieblingsdichter Friedrich de la Motte Fouqué (1777–1843), aber auch zu Schelling, den er an die Berliner Universität berief, oder zu Bettina von Arnim (1785–1859). Sogar Heinrich Heine war ihm zugetan, wenn auch in der ihm eigenen ironischen Form: »Ich habe ein *faible* für diesen König / Ich glaube, wir sind uns ähnlich ein wenig. / Ein vornehmer Geist, hat viel Talent. / Auch ich, ich wäre ein schlechter Regent.«[38]

Tatsächlich war Friedrich Wilhelm IV. als Herrscher nicht sonderlich erfolgreich, weil er in vielen politischen Herausforderungen keine klare Linie fand. Seine politischen Ideen aber waren eindeutig, und sie waren von der Romantik geprägt. Eine Verfassung, ein »beschriebenes Blatt«, lehnte er zugunsten der gegenseitigen »Treue« von Fürst und Volk ab: »Zwischen Uns sei Wahrheit.«[39] Neben die »Treue« trat die von Novalis favorisierte gegenseitige »Liebe«, die nach Ansicht des Königs die Beziehungen innerhalb einer organisch gewachsenen Ständeordnung mit allen ihren sozialen und materiellen Ungleichheiten überwölbte. Hatte Novalis beklagt, dass der moderne Staat zu wenig sichtbar sei, so steuerte Friedrich Wilhelm IV. dem durch sein Interesse an der Architektur entgegen. Er selber entwarf oder zeichnete intensiv Gebäude, die seine Staatsidee symbolisieren sollten, und gab große Projekte in Auftrag. Dazu gehörten Bautätigkeiten im Schlossgelände von Sanssouci (Orangerie-Schloss), der Bau des Neuen Museums auf der Berliner Museumsinsel sowie die Fertigstellung des Kölner Doms. (Vergleichbar darin ist ihm sein Schwager Ludwig I. von Bayern (1786–1868), der klassizistischen und romantischen Kunstvorstellungen gleichermaßen anhing. Die bis heute eindrucksvolle Gestaltung der Münchener Ludwigsstraße ist zum Beispiel aus diesen Vorstellungen einer ästhetischen Sichtbarkeit des Staates und seiner Ideen hervorgegangen.) In den konkreten Verfassungskämpfen des 19. Jahrhunderts, vor allem in der Revolution von 1848, agierte Friedrich Wilhelm IV. dagegen widersprüchlich und überfordert, kam den Revolutionären zeitweise entgegen, schlug den parlamentarischen Impuls der Revolution aber militärisch nieder. Dennoch musste er sich zuletzt auf eine konstitutionelle Monarchie einlassen und damit ihm verhasste Elemente einer Verfassung in das Königtum aufnehmen.

Bis hierher muss es so scheinen, als würden Romantiker zwingend den Liberalismus ablehnen und stattdessen eine idealisierte Form der Monarchie bevorzugen, wodurch sie in den Tageskämpfen auf die Seite der anti-revolutionären Kräfte geraten. Weiterhin wirkt es so, als hätten sie sich für die großen sozialen Fragen des 19. Jahrhunderts und überhaupt für Ungleichheiten wenig interessiert. Grundsätzlich trifft dies zu, aber es finden sich auch andere Entwicklungen der Romantik in der Politik. In der Frühromantik gibt es Versuche, sich auf die Bedingungen der Moderne mit ihrer weltanschaulichen Pluralität positiv einzulassen. Aus heutiger Sicht ist Friedrich Schleiermachers »Versuch einer Theorie des geselligen Betragens« (1799) besonders interessant, weil Schleiermacher darin die Unterschiedlichkeit der Individuen akzeptiert und sie über Formen der Kommunikation (aber eben nicht weltanschaulich) zusammenführen möchte. Die prominenteste Figur auf der liberalen Seite ist Heinrich Heine. Er stimmt mit anderen Romantikern darin überein, dass er sich wenig für Verfassungen oder Institutionen interessiert, sondern Politik idealisiert und als »Kampf um erste Lebensprinzipien« begreift.[40] Wie Novalis denkt

6. Romantik in der Praxis: Politik

er utopisch, wenn er als Zweck politischer Einrichtungen die »Rehabilitazion der Materie« ansieht, und das heißt »ihre religiöse Heiligung, ihre Versöhnung mit dem Geiste«[41].

Dieses wolkige Politikverständnis, zu dem auch die Ablehnung des westlichen Parlamentarismus als oberflächlich gehört, hindert Heine aber nicht daran – und an dieser Stelle schlägt er einen neuen Weg ein –, sich für die Freiheitsrechte der Individuen einzusetzen. So streitet er für die Pressefreiheit, die wiederum »Consequenz der Denkfreyheit« ist,[42] an mehreren Fronten. Ebenso ist er Anhänger von Gleichheitsvorstellungen und verspottet Adelsprivilegien – eine Idealisierung der Ständeordnung ist für ihn undenkbar. Auch den Nationalismus beobachtet er scharfsinnig: Er habe dazu geführt, dass das deutsche »Herz enger wird, daß es sich zusammenzieht, wie Leder in der Kälte, daß er das Fremdländische haßt, daß er nicht mehr Weltbürger, nicht mehr Europäer, sondern nur ein enger Teutscher seyn will«[43]. Für den französischen Patriotismus, der das Herz erwärmt und das »ganze Land der Civilisation, mit seiner Liebe umfaßt«[44], hat er, in Paris lebend, dagegen einiges übrig. Schließlich geraten auch die sozialen und ökonomischen Verwerfungen in Heines Blick und ins Gedichtwerk, am bekanntesten in dem mitreißenden Lied »Die schlesischen Weber«: »Im düstern Auge keine Thräne, / Sie sitzen am Webstuhl und fletschen die Zähne: / Altdeutschland wir weben dein Leichentuch, / Wir weben hinein den dreyfachen Fluch – / Wir weben, wir weben!«[45]. Heines Sympathie für sozialistische und kommunistische Vorstellungen ist allerdings wiederum begrenzt, denn er hat Sorge vor einer Gleichheit, die so weit getrieben wird, dass individuelle Besonderheiten und Abweichungen als verdächtig erscheinen und unterdrückt werden.[46]

Vom materiellen Elend in der Mitte des 19. Jahrhunderts spricht auch Bettina von Arnim.[47] 1785 geboren, hatte sie Jahrzehnte der Romantik miterlebt und mitgestaltet, und ihr Werk »Dies Buch gehört dem König«, das 1843 erschien und Friedrich Wilhelm IV. gewidmet war, stellt dementsprechend eine Mischung aus Elementen der frühen und späten Romantik dar.[48] Der bei weitem umfangreichste Teil besteht aus fiktiven Gesprächen zwischen einer »Frau Rat« – damit ist Goethes Mutter bezeichnet – und verschiedenen Personen, unter anderem mit einem Pfarrer und einem Bürgermeister. Dieser Teil, der im Jahr 1807 spielt, schließt an den frühromantischen Ideenaustausch an, wie er in den Wohngemeinschaften praktiziert wurde und in Friedrich Schlegels »Gespräch über die Poesie« (1800) ein literarisches Zeugnis fand. Politisch tritt eine Idee hervor, die Bettina von Arnim auch in vielen Briefen an Friedrich Wilhelm IV. vertrat: Sie sah den König als Landesvater an, der eine Gemeinschaft und ihre Ideale verkörperte – hier folgte sie Novalis. Allerdings wertete sie die Position des Volks erheblich auf, wenn sie den König nur durch die Liebe des Volks, die er sich verdienen musste, als gerechtfertigt ansah.[49] Diese Vorstellung eines sozialen Volkskönigtums ist schon von Ideen mitbestimmt, die im politischen Vormärz entwickelt wurden. Einige späte Romantiker griffen diese auf und integrierten sie in ihr Konzept, um eine Antwort auf neue Herausforderungen anbieten zu können.

Weiterhin enthält das Buch Bettina von Arnims einen Anhang, der nun ganz anders gestaltet ist. Sprachlich nüchtern und karg wird die Situation im Armenviertel Berlins beschrieben, offenbar um den König wachzurütteln und ihm zu demonstrieren, welches soziale Elend in seinem Reich existiert. Man kann von einer frühen Sozialreportage sprechen, die sich in einer kurzen Passage so liest:

Der Weber *Beneke* ist vierzehn Wochen ohne Arbeit. Er liegt krank im Bette. Die vier Kinder scheinen großen Mangel zu leiden. Die Frau gestand mir, daß sie durch Betteln die Ihrigen ernähre. Von der Armendirektion hat sie einmal 2 Tlr. bekommen. Im gleichen Zimmer wohnt unentgeltlich der alte *Warich*. Er sucht Knochen und Papier. – Auf die Polizei und die Armendirektion kommen die Leute nicht gut zu sprechen.[50]

Das ist die Literatur einer Romantikerin, aber sprachlich ist das keine Romantik mehr. Solche Sätze stehen Georg Büchner (1813–1837), einem der ersten sozialen Autoren, und seiner Beobachtungsschärfe viel näher als beispielsweise Joseph von Eichendorff.

Nach dem Ende der Romantik als Strömung in der Mitte des 19. Jahrhunderts kann ihr politisches Denken in neuen Zusammenhängen verändert wieder hervortreten. Ein solches Fortwirken romantischer Impulse war schon im Bereich der Ironie und der Bildlichkeit zu beobachten. Auch Novalis erlebte mit »Glauben und Liebe« einen Wiederauftritt in einer völlig ungeahnten Konstellation, und zwar in der Frühphase der Weimarer Republik. 1922 hält Thomas Mann eine Rede mit dem Titel »Von deutscher Republik«, die in aller Klarheit der Stärkung des jungen demokratischen Staats gegen seine zahlreichen Gegner dient: »Mein Vorsatz ist, ich sage es offen heraus, euch, sofern das nötig ist, für die Republik zu gewinnen und für das, was Demokratie genannt wird,

6. Romantik in der Praxis: Politik

und was ich Humanität nenne.«[51] Um dieses rhetorische Ziel zu erreichen, nimmt er eine abenteuerliche Konstruktion vor: Der amerikanische Autor Walt Whitman (1819–1892), bekannt geworden vor allem durch seine Gedichtsammlung »Leaves of Grass« (1855), und Novalis werden mit zahlreichen Zitaten aufgerufen, um die in der Rede angesprochene studentische Jugend auf den richtigen politischen Weg zu bringen. »Glauben und Liebe« wird dabei wie ein Steinbruch benutzt, denn Aussagen, die der Romantisierung der preußischen Monarchie dienten, treten nun in den Dienst an der Weimarer Republik. So ruft Thomas Mann nach einem Novalis-Zitat triumphierend aus: »Sollte man glauben, die Stimme eines Romantikers zu hören? Dieser demokratische Pluralism enträt jeder metaphysischen Schwüle, er ist von fast amerikanischer Frische, von vollkommen pädagogischer Tauglichkeit.«[52]

Zwar existieren einige Gemeinsamkeiten zwischen Novalis und Thomas Mann, denn auch Mann interessiert sich weniger für politische Verfahren als für eine gesellschaftliche Harmoniebildung, die nun durch »Humanität« (als Nachfolgerin von »Glauben und Liebe«) erreicht werden soll. Dennoch bleiben die Unterschiede gewaltig, so dass man fragen muss, warum Thomas Mann diesen gedanklichen und sprachlichen Aufwand betreibt.[53] Mit Novalis will er offenbar beweisen, dass die Romantik als ein zentraler Bestand deutscher Kultur nicht zwangsläufig mit Demokratie-Kritik einhergehen muss, dass man Romantiker bleiben und Demokrat werden kann, und dies mit gutem Gewissen. Mit Thomas Mann sollen wir verstehen – und er überredet sich auch selbst zu dieser Einsicht –, »daß Republik Niveau haben, sogar das Niveau der deutschen Romantik haben kann«[54]. Damit nimmt er eine Umpflanzung der Romantik vor, die in der öffentlichen Meinung des frühen 20. Jahrhunderts zur anti-liberalen Seite gehörte. Sich selbst ermöglichte er den Weg vom anti-westlichen Denken seines politischen Frühwerks zur Anerkennung von gesellschaftlicher Differenz. Novalis wird den Gemeinschaftsideologen entwendet, um die Republik als »innere Tatsache«[55] der deutschen Kultur erscheinen zu lassen. Man kann über manches in dieser Rede nur den Kopf schütteln, was Thomas Mann selbst wusste, der Novalis und Whitman als »wunderliches Paar« bezeichnete, und man kann fragen, ob er überhaupt über Politik im heutigen konkreteren Sinn redet. Aber festhalten sollte man auch, dass Thomas Mann sich als einer der ganz wenigen deutschen Autoren auf die Seite der Weimarer Republik stellte und dass er die Demokratie, indem er sie romantisierte, verteidigte, statt sie verächtlich zu machen und auf ihr Ende hinzuarbeiten.

In der jüngeren Vergangenheit und Gegenwart scheint die politische Romantik im Gegensatz zur Ironie oder zu romantischen Bildtypen nur noch wenig Interesse zu finden. Dies ist verständlich, denn die wachsenden Differenzen in modernen Gesellschaften lassen eine kollektive Identitätsbildung über Gefühle und Überzeugungen als undenkbar erscheinen. Die Weltanschauungen und Lebensformen, die Milieus mit ihren Prioritäten, Sprachregelungen und Verhaltenscodes, von den Geschlechterverhältnissen bis zu den Essgewohnheiten – das alles liegt so weit auseinander, dass ein Einheitsappell ins Leere gehen muss. Nur ganz gelegentlich erinnert man sich an ferne romantische Staatsvorstellungen, wenn eine Hochzeit in einem der europäischen Königshäuser gefeiert und medial verbreitet wird. Dann könnte man den Eindruck gewinnen, dass dieses Fest für einen Tag die Aufmerksamkeit bündelt und gemeinsame Gefühle hervorbringt, solche der Andacht oder des Schönheitsempfindens, oder auch nur den Wunsch, selber eines Tages eine derart ergreifende Hochzeit zu feiern. Auch die gegenwärtige Tatsache, dass einige Mitglieder der Königshäuser Mode-Ikonen sind und Stile beeinflussen, könnte man in der Romantik vorweggenommen finden, denn Novalis spricht in »Glauben und Liebe« von der Kleidung der Königin, die zum »Muster des weiblichen Anzugs« werden könne. Eine Verbesserung des preußischen Äußeren schien ihm dringend nötig zu sein, denn der Kleidungsstil habe »leider in Berlin immer auf einem sehr niedrigen Punkte gestanden, oft unter Null«[56]. Aber natürlich sind die Königshäuser in Europa nur Elemente oder Beigaben ganz unromantisch organisierter Staaten, und auch die Ideen, die sie verkörpern könnten, lassen sich kaum noch benennen. Der ewige Friede wird es nicht sein, und dass die Mitglieder der Königsfamilie zur »Veredlung der öffentlichen Gesinnung« beitragen könnten, ist nur in manchen Momenten, zum Beispiel wenn sie Wohltätigkeitstermine wahrnehmen, zu glauben.

Manchmal wird in der politischen Welt dennoch plötzlich so etwas wie ein Nachhall der romantischen Einheitsphantasie hörbar. Als im November 1989 die DDR zusammenbrach, aber die weitere politische Entwicklung noch nicht absehbar war, fand auf dem Alexanderplatz in Berlin eine große Kundgebung statt. Dort sprach unter anderem auch Christa Wolf, die sich mit Karoline von Günderrode und Kleist beschäftigt und sich mit ihnen identifiziert

6. Romantik in der Praxis: Politik

hatte.⁵⁷ Den »unausrottbaren Glauben, der Mensch sei bestimmt, sich zu vervollkommnen«⁵⁸, entnahm Wolf der Romantik. Ihre Stellungnahme in der Situation des Umbruchs ist sprachlich von der intensiven, geradezu beschwörenden Verwendung des Personalpronomens »Wir« bestimmt. Sie begrüßt das Ende des alten autoritären Regimes und wendet sich gleichzeitig gegen die Übernahme des westlichen Demokratiemodells. Die Menschen sollen auch nicht weggehen aus »unserem Land«⁵⁹, sondern sich für einen Sozialismus einsetzen, der Freiheit ermögliche. Eine derartige, ganz unbekannte Ordnung, die in der offenen Situation denkbar ist, würde auch ästhetisch ansprechen: »Die Sprache springt aus dem Ämter- und Zeitungsdeutsch heraus, in das sie eingewickelt war, und erinnert sich ihrer Gefühlswörter. Eines davon ist ›Traum‹. Also träumen wir mit hellwacher Vernunft. Stell dir vor, es ist Sozialismus, und keiner geht weg!«⁶⁰ Eine staatliche Führung soll es weiterhin geben, aber diese könnte in Umkehrung des alten Systems und seiner Paraden am Volk vorbeidefilieren – so ähnlich hatte sich Bettina von Arnim das Volkskönigtum vorgestellt. Der Satz »Wir sind das Volk«, so schließt Christa Wolf, hat als Angriff auf das alte Regime getaugt, nun kann er der Vergewisserung von Einheit in der Zukunft dienen. In dieser (realpolitisch allerdings folgenlosen) Rede findet sich ein Widerhall der Romantik, die die Freiheitsgewinne der modernen Gesellschaften akzeptieren, ihre Differenzen allerdings mit einem gemeinsamen mentalen Band, mit »Glauben und Liebe«, umschlingen wollte.

7. Gibt es romantische Liebe?

Die Verbindung von Romantik und Liebe scheint besonders eng zu sein, gerade wenn man dem gegenwärtigen Sprachgebrauch folgt. So werden immer wieder Liebesfilme oder einzelne Szenen daraus als romantisch bezeichnet: »Ich habe vor Kurzem noch einmal ›Titanic‹ angeschaut und mich erinnert, wie ich damals mit Anfang zwanzig im Kino in romantischen Gefühlen versunken bin wie Leonardo di Caprio im eiskalten Wasser des Atlantiks. ›Ja, so muss Liebe sein‹, dachte ich mir, ›überwältigend, bedingungslos und sogar über den Tod hinaus! Ich muss nur den Richtigen finden!‹«[1] So ähnlich dürften viele Kinobesucher empfunden haben; stutzig macht vielleicht nur, wenn man in der Überschrift des Blog-Eintrags, aus dem das Zitat stammt, liest: »Der Mythos romantische Liebe – mehr Fluch als Segen.« Wissenschaftlich formuliert, aber im Kern mit der Aussage der Filmbetrachterin übereinstimmend, heißt es in einem gegenwärtigen Soziologielexikon: »Liebe, romantische: Bezeichnung für die eine Partnerwahl bestimmenden Gefühle der unbedingten Anziehungskraft des Partners und für die entsprechenden Vorstellungs- und Erwartungskomplexe.«[2] Weiterhin informiert der Artikel darüber, dass diese Liebesvorstellung im 18. Jahrhundert in der oberen Mittelschicht entstanden sei, sich aber inzwischen gesamtgesellschaftlich als Kriterium für die Partnerwahl durchgesetzt habe und auch in der Werbung und Kulturindustrie – damit sind z. B. Filme wie »Titanic« gemeint – dominant sei.

In anderen soziologischen Bestimmungen interessiert man sich auch für den Lebenssinn, der in der Liebe gefunden wird. Niklas Luhmann, der mit »Liebe als Passion« (1982) einen Klassiker der Liebestheorie geschrieben hat, formulierte es in einem kleinen Aufsatz mit dem Titel »Liebe. Eine Übung« sehr bündig: In der Liebe erfahre man eine »unbedingte Bestätigung des eigenen Selbst, der personalen Identität. Hier, und vielleicht nur hier, fühlt man sich als der akzeptiert, der man ist – ohne Vorbehalte und ohne Rücksicht auf Leistungen«[3]. Wenn man sich tatsächlich

»nur« in der Liebe als vollständiger Mensch fühlen kann, während man im sonstigen Leben immer nur in bestimmten Anteilen gefragt ist, Leistungen erbringen muss und auf die Probe gestellt wird, dann erhält Liebe eine herausgehobene Bedeutung, wird sie zum Höchstwert. In ihr entscheidet sich vielleicht sogar das Gelingen oder Misslingen des Lebens. Wiederum soziologisch-kühl formuliert ist Liebe die »wechselseitige Totalannahme im Modus der Höchstrelevanz«[4]. Aber nicht nur das Selbstgefühl verändert sich in der gelungenen Liebe, auch die Welt um uns herum erfährt eine Aufwertung, so wie es sprichwörtlich heißt, dass Liebende die Welt mit anderen Augen sehen.

Dieser gesamte Vorstellungskomplex wird zwar heute oft als ›romantische Liebe‹ bezeichnet, aber historisch ist das nicht ganz richtig, denn er entsteht im Verlauf des 18. Jahrhunderts in verschiedenen europäischen Kulturen zeitlich vor der Romantik. Im Gegensatz zur ›Suche nach dem Unbedingten‹, zum Romantisieren, zur Neubestimmung der Ironie oder der Erfindung neuer Bildtypen kommt es im Bereich der Liebe nicht zu einer romantischen Eigenentwicklung. Hier nehmen die Romantiker vielmehr eine bestehende Idee von Liebe auf und ergänzen sie in ihrem Sinn. Dabei treten auch die Schwierigkeiten dieser höchst anspruchsvollen modernen Liebesidee hervor, die in gegenwärtigen Beziehungsratgebern unter Stichworten wie »fiktion-romantische-liebe«[5] abgehandelt werden und die auch in der Reflexion der oben genannten Kinobesucherin den Abschluss bilden: »Leider blieb ich auch zwei weitere Jahre Single. Wer hätte auch diese unrealistischen Ansprüche erfüllen können? Heute weiss ich: Niemand.«[6]

Wenn man also von ›romantischer Liebe‹ eher in Anführungszeichen sprechen sollte, weil es sich um eine Erscheinung der gesamten Moderne handelt, dann ist diese in der deutschen Literatur zuerst mit durchschlagendem Erfolg in Goethes Roman »Die Leiden des jungen Werthers« dargestellt worden. Er wurde 1774 veröffentlicht, also rund 25 Jahre vor den ersten romantischen Texten. Wie erscheint Liebe hier? Nicht einfach als großes Gefühl, das ist sie natürlich auch. Aber sie erbringt auch eine klar benennbare Leistung, indem sie die Einheit des Menschen herstellt und sichert. Wenn Werther liebt, dann ist die Teilung seiner Person in Sinnlichkeit und Intellekt, in verschiedene Wahrnehmungsweisen, Handlungsformen und Weltzugänge überwunden. In der Liebe, so sagt er, bleibe keine einzige Kraft seiner Seele ungenutzt. So findet in der Gemeinsamkeit der Liebenden ein »ewiges Weben von

7. Gibt es romantische Liebe?

der feinsten Empfindung« und »dem schärfsten Witze« statt, und dies geschieht ohne moralische Zwänge, bis zur »Unart«.[7] Werther kann der Geliebten sein Naturverhältnis erklären, in der Liebe setzt also der Verstand nicht aus, und ebenso kommen seine ästhetischen Anteile zu ihrem Recht, fühlt er sich als »Genie«. Nur so, in dieser Vollständigkeit, ist er sich etwas »werth«[8].

Die Liebe steht damit im Gegensatz zu allen anderen sozialen Zusammenhängen, in denen der Mensch Anteile seiner Person als nicht-funktional unterdrücken muss. Der Roman enthält einen scharfen Blick auf die Folgen moderner Differenzierung: Als Werther im Rechtsbereich tätig wird, weigert er sich, den dortigen Vorgaben, wie Schriftstücke zu verfassen seien, zu folgen. Stattdessen betreibt er die Geschäfte nach seinem eigenen Kopf und seiner eigenen Art, wie er freimütig erklärt. Seine überspannten Ideen werden von seinem Vorgesetzten korrigiert, es entstehen Konflikte. So wie im Beruf kommt er sich auch in anderen Zusammenhängen fremd oder wie eine Marionette vor, mit der gespielt wird.[9] Befreit von diesen Einschränkungen ist er nur in der Liebe, und so kann er mit Lotte »glückliche Tage wie sie Gott seinen Heiligen aufspart«[10], erleben. Das religiöse Vokabular an solchen Stellen dient nicht der Ausschmückung, sondern zeigt, dass die Liebe Aufgaben der Religion übernimmt. Liebe wird zur Höchstform menschlicher Erfahrung, entscheidet über Wahrheit und Unwahrheit einer Existenz.

Ein sommerlicher Brief, in dem Werther seinen Alltag als Verliebter schildert, drückt es eindrucksvoll aus: Das Haus, in dem Lotte wohnt und das Werther auf seinen Wanderungen um das Tal herum erblickt, wird zum Zentrum des gesamten Raums. Mit diesem Wunsch nach Zentrierung verkörpert Werther den modernen Menschen, der unruhig ist, die Begier verspürt, »sich auszubreiten, neue Entdeckungen zu machen, herumzuschweifen«[11]. Dabei ahnt er ein großes Ganzes, das er aber nie zu fassen bekommt, und sehnt sich danach, sich »mit aller Wonne eines einzigen, großen, herrlichen Gefühls ausfüllen zu lassen«[12]. Dieses große Gefühl und die damit verbundene Ruhe findet er nur im Zusammenspiel mit der Geliebten. Wenn sie da ist, fühlt er sich sicher. Er benötigt nicht mehr die Ablenkungen der Zivilisation, sondern erfreut sich an selbstgezogenem Gemüse aus dem Garten, wie es in einer kleinen liebevollen Beschreibung heißt.

Allerdings ist die Idylle nicht von Dauer, und das liegt weniger daran, dass es mit Albert einen anderen Mann und Rivalen gibt, sondern mehr an den Problemen, die das neue Liebeskonzept mit sich bringt. Denn die Aufgipfelung der Liebe zum Höchstwert führt umgekehrt zum Selbstverlust, wenn die Liebe scheitert. Wer sich nur in der Liebe etwas wert ist, stürzt vollständig ab, wenn sie aussetzt. Zudem fordert diese Art von Liebe permanente Gefühlsintensität, muss also ständig angeheizt werden, weil man sonst den Verdacht hegen muss, dass mit ihr und einem selbst etwas nicht stimme. Schließlich ist sie, weil sie sich gegen die Bedingungen der Gesellschaft richtet, auch nur schwer in diese zu integrieren: Die emphatisch Liebenden wollen eigentlich immer nur zu zweit sein.

Mit dem »Werther« ist also ein neues Modell von Liebe vorhanden, das die Romantiker weiterentwickeln, zuerst in Friedrich Schlegels »Lucinde« von 1799.[13] Von diesem Roman war schon in biographischer und sozialer Hinsicht die Rede, denn Schlegel stellte darin seine Liebe zu Dorothea Veit so offensiv dar, dass die junge Romantik einen Skandal hervorrief. Aber erst einmal lässt sich feststellen, dass Schlegel jener »Werther«-Vorstellung von Liebe folgt, die sich im späten 18. Jahrhundert kulturell und lebenspraktisch verbreitete. Julius als Hauptfigur beschreibt sein Leben so, dass es vor der Begegnung mit Lucinde als »Masse von Bruchstücken ohne Zusammenhang« erschien.[14] Das ist die Erfahrung der Moderne, in der Männer in verschiedenen gesellschaftlichen Systemen agieren und Rollen einnehmen müssen – Frauen holen diese Erfahrung historisch bedingt später nach. Soziale und räumliche Beweglichkeit ist gefordert, unterschiedliche Überzeugungen und Beschreibungen der Welt konkurrieren miteinander, und eine verbindliche Wahrheit für alle steht nicht mehr bereit. Diese Vervielfältigung der Sinnangebote und Lebensformen schlägt sich im Individuum nieder, das sich überfordert fühlt, zur »Masse von Bruchstücken« gerät.

Und genau an diesem Punkt der Lebensgeschichte wird die Liebe ins Spiel gebracht, denn als Julius Lucinde findet, ist er nicht einfach nur von ihr begeistert, das auch, sondern erlebt sich als einheitliches Wesen: »Es ward Licht in seinem Innern, er sah und übersah alle Massen seines Lebens und den Gliederbau des Ganzen klar und richtig, weil er in der Mitte stand. Er fühlte, daß er diese Einheit nie verlieren könne, das Rätsel seines Daseins war gelöst, er hatte das Wort gefunden, und alles schien ihm dazu vorherbestimmt und von den frühsten Zeiten darauf angelegt, daß er es in der Liebe finden sollte, zu der er sich aus jugendlichem Unverstand

7. Gibt es romantische Liebe?

ganz ungeschickt geglaubt hatte.«[15] Bei aller Modernität fallen die Geschlechterverhältnisse in solchen Passagen noch ganz traditionell aus, denn die Differenzerfahrung trifft vorerst, wie schon angedeutet, nur den Mann, während die Frau als Naturwesen dazu da ist, die Wunden, die ihm die Moderne geschlagen hat, zu heilen. Als schützend-umschließendes Naturwesen wird Lucinde auch körperlich charakterisiert, denn Julius lobt die »üppige Ausbildung ihres schönen Wuchses«[16] sowie die »hinreißende Kraft und Wärme ihrer Umschließung«[17], die ihm reizender als »der frische Reiz der Brüste und der Spiegel eines jungfräulichen Leibes«[18] erscheinen. Gegenüber dem »Werther« wird die körperliche Anziehungskraft viel offener dargestellt.

Auch in anderen Bereichen gibt Schlegel mit der »Lucinde« dem modernen Liebeskonzept eine romantische Note. Er stellt die Liebe in das Spannungsverhältnis von Bedingtem und Unbedingtem. Wie auch andere Erfahrungen in der ersten Wirklichkeit besitzt die Liebe einen Überschuss, ist »Verlangen nach dem Unendlichen«[19], vereint das »Sterbliche« und das »Unsterbliche« und entfaltet sich »zur schönsten Religion«[20]. Ähnliche Äußerungen finden sich bei Novalis, der in den »Hymnen an die Nacht« seine früh verstorbene Verlobte Sophie von Kühn zur Mittlerfigur erhob, die einen Kontakt ins Jenseits herstellen sollte. Wie weit die Romantiker dabei gingen, zeigt eine Notiz, die Novalis sich zu den »Hymnen« anlegte: »Christus und Sophie«[21]. In einem seiner Fragmente erklärte er weniger persönlich und philosophisch gefasst, das »Universum« stelle die »Elongatur«, das heißt die Verlängerung, der Geliebten dar.[22]

Eine zweite romantische Beigabe zur Liebesidee erhält die »Lucinde« durch Andeutungen einer Überwindung der Geschlechterpolarität. Zunächst ist es ein reizvolles erotisches Spiel, »wenn wir die Rollen vertauschen und mit kindischer Lust wetteifern, wer den andern täuschender nachäffen kann, ob Dir die schonende Heftigkeit des Mannes besser gelingt, oder mir die anziehende Hingebung des Weibes«[23]. Aber dieser Genuss ist mit einer Idee verbunden, denn Julius erklärt die Rollenvertauschung zum Bild für die »Vollendung des Männlichen und Weiblichen zur vollen ganzen Menschheit«[24]. Darin steckt einerseits die alte philosophische Vorstellung, dass sich in der erotischen Anziehung die zwei Hälften eines ursprünglich ganzen kugelförmigen Menschen wiederfinden. In Platons »Symposion« heißt es, dass »durch Nahesein und Verschmelzung mit dem Geliebten aus Zweien Einer werden«[25]. Liebe ist das »Verlangen eben und Trachten nach dem Ganzen«[26]. Aber Schlegels Auflösung fester Zuordnungen weist zeitlich auch voraus, weil um 1800 eine weiter und freier gefasste Bestimmung und Emanzipation des Weiblichen beginnt. Ebenso wird der Mann von Festlegungen befreit, wenn er sich daran freuen darf, »wie ein Weib« zu lieben. In der Entwicklung der Romantik hat Clemens Brentano solche Vorstellungen in Richtung Androgynie weitergeführt und ein männlich-weibliches Ich modelliert – seine Liebesbriefe werden später noch vorgestellt. Man sieht an diesem Komplex, dass die Romantiker die Liebe religiös überhöhen, aber das Unbedingte auch weltlich fassen können, als Befreiung von Rollenzwängen, als Emanzipation und Vereinigung von Polaritäten.

Eine romantische Liebe soll also die Gesamtperson ergreifen, in ihren geistigen wie körperlichen Anteilen. Die Liebenden reden viel miteinander, aber sie sind auch stark voneinander angezogen, eine Unterdrückung der Sexualität kommt für diese Generation nicht mehr in Frage. Die Sorge geht eher schon umgekehrt in die Richtung einer Dominanz des Körperlichen: Wenn die Liebe ungehemmt ausgelebt wird, wie lässt sich dann sicherstellen, dass sie den Einzelnen nicht ganz und gar mitreißt, der äußeren Reizen so lange folgt, bis er Sinn und Verstand verliert? Für ein rauschhaftes Leben ohne Selbstkontrolle haben die Romantiker ein feines Sensorium, und das gilt selbst für Autoren wie Joseph von Eichendorff, den man vielleicht für stabil-konservativ halten würde. Aber schon in seinem Erstlingsroman »Ahnung und Gegenwart« findet sich das Lied »Laue Luft kommt blau geflossen«, das in mitreißenden Klängen ein Leben entwirft, das sich sinnlich verbraucht: »Und das Wirren bunt und bunter / Wird ein magisch wilder Fluß«.[27] Das Ich in diesem Gedicht fragt nicht nach Prinzipien oder einem Persönlichkeitskern, sondern will sich ausdrücklich nicht bewahren: »Fahre zu! ich mag nicht fragen, / Wo die Fahrt zu Ende geht!«[28] Zwar wird dieses Lied im Roman einer fragwürdigen Figur, der Gräfin Romana, in den Mund gelegt, aber Eichendorff hat es unter dem Titel »Frische Fahrt« auch in seine Gedichtsammlungen aufgenommen. Dass er um den Reiz und die Möglichkeit des Selbstverlusts wusste, ist in vielen Gedichten zu spüren und wird in seiner Erzählung »Das Marmorbild« entfaltet.[29]

Darin geht es um Florio, einen jungen Mann, der in die italienische Stadt Lucca reist. Er begegnet dem Sänger Fortunato und einem Ritter namens Donati, zwischen denen er sich hin- und hergerissen fühlt. Nachts verlässt er seine Herberge und gelangt in

7. Gibt es romantische Liebe?

einen Garten, wo er ein marmornes Venusbild sieht, das eine starke Wirkung auf ihn ausübt. Wenig später erscheint diese Venus als lebendige Gestalt, ohne dass sicher wäre, ob es sich um die antike Göttin, eine reale Frauenfigur oder um eine Phantasie aus Florios Innenleben handelt. Überhaupt bleibt bis zum Ende der Geschichte offen, ob Florio einzelne Episoden vielleicht nur geträumt hat. Den Höhepunkt seiner Verwirrung erreicht er auf einem Maskenball, auf dem es zu einer beständigen Verwechslung der Venus mit einer anderen weiblichen Figur kommt, Bianca, die für Reinheit und Unschuld steht. Auch für den Leser verschmelzen die beiden Figuren, die Masken tragen und über die gemeinsame Farbe Weiß charakterisiert sind.

Etwas später kommt es im Palast der Venus zu einem Verführungsversuch. Sie lässt sich auf einige Kissen nieder, »immer schönere Formen bald enthüllend, bald lose verbergend. Florio betrachtete sie mit flammenden Augen«.[30] Die beginnende Anziehung wird dann von einem Lied unterbrochen, das aus dem Garten heraufdringt und Florio »Freiheit« gibt, über die gespannte Situation nachzudenken. Es gelingt ihm allerdings nicht, seine Verwirrung zu überwinden, denn er kennt das Lied aus seiner Kindheit, weiß aber nicht, wer der Sänger im Garten ist, und auch seine sonstigen Eindrücke bleiben diffus: Er »glaubte« etwas zu erkennen, »da flog es ihn […] an«, er wusste »nicht recht zu deuten«, und die verführerische Dame »schien ordentlich erschrocken«[31] – Formulierungen dieser Art sind charakteristisch für »Das Marmorbild«. Als Florio der Frau von seiner Jugend erzählt, gewinnt sie wieder Zugriff auf ihn, streicht »beschwichtigend dem schönen Jüngling die braunen Locken aus der klaren Stirn«[32] und erklärt: »ein jeder glaubt mich schon einmal gesehen zu haben, denn mein Bild dämmert und blüht wohl in allen Jugendträumen mit herauf.«[33] Florio ist nun ganz und gar überfordert, kommt sich »aus sich selber verirrt«[34] vor und spricht in seiner Not ein kurzes Gebet. Daraufhin zieht ein Gewitter auf, das wiederum eine Schlange am offenen Fenster aufschreckt, die »mit dem grünlichgoldenen Schweife sich ringelnd in den Abgrund hinunter«[35] stürzt. Im ersten Blitzlicht verändert sich das Aussehen der Venus, erscheint sie »starr mit geschlossenen Augen und ganz weißem Antlitz und Armen«[36], also als Totengestalt. Es kommt zu weiteren gespenstischen Erscheinungen, Gegenstände werden lebendig, bis Florio voller Grauen aus dem Schloss flieht.

Was ist mit ihm geschehen? Die Begegnung mit der Venus-

Figur und deren Bedeutung wird ihm abschließend von dem Sänger Fortunato erklärt. Danach verkörpert Venus erstens eine historische Phase, die Antike, in der die Menschen nach Meinung der Romantiker in enger Verbundenheit mit der äußeren Natur lebten. Ebenso folgten sie unbefangen und naiv den Wünschen ihrer eigenen Natur, setzten der Biologie keine Moral entgegen, kannten daher in der Liebe auch nicht die Idee von Treue und Verantwortung. Zweitens bezeichnet ›Venus‹ Potentiale, die in allen Menschen zu allen Zeiten vorhanden sind, weil jeder den Wunsch kennt, seinem körperlichen Verlangen freien Lauf lassen zu können. Das dazugehörige sexuelle Begehren entsteht in der Jugendphase, in der das Wunschbild der Venus »dämmert und blüht«, wie sie selbst erklärt. Drittens schließlich steht die Venus-Figur für Kräfte in der Natur, die vor allem im Frühjahr erwachen, wenn das von der Kälte befreite Leben sprießt, wie es auch im Lied »Laue Luft kommt blau geflossen« im zweiten Vers fordernd heißt: »Frühling, Frühling soll es sein!«[37]

Diese Venus-Kräfte werden von den Romantikern nicht als falsch oder dämonisch angesehen, und sie sollen auch nicht unterdrückt werden. Das Ziel liegt darin, sie mit Vorstellungen von einem richtigen und guten Leben zwanglos zu verbinden. Florio kommt daher am Ende der Erzählung mit Bianca zusammen, die moralische Reinheit verkörpert, auf deren Äußeres aber auch Wert gelegt wird: »Eine seltsame Verblendung hatte bisher seine Augen wie mit einem Zaubernebel umfangen. Nun erstaunte er ordentlich, wie schön sie war!«[38] Bianca wirkt vielleicht nicht ganz so verführerisch wie die Venus, was auch daran liegen mag, dass sie Jungenkleidung trägt, aber Florio wird in der Verbindung mit ihr auf nichts verzichten müssen – leider endet die Erzählung an dieser Stelle, während man als Leser nur zu gern erführe, wie Romantiker eigentlich dauerhaft und sesshaft zusammenleben. Aber schon den »Taugenichts« ließ Eichendorff dort enden, wo dieser die lang gesuchte Geliebte heiratete. Auch einige seiner Gedichte sprechen von der Schwierigkeit, die Gewohnheit einer Ehe mit dem Aufrechterhalten der romantischen Sehnsucht zu vereinbaren. So stellt er im Gedicht »Die zwei Gesellen« zwei junge Männer vor, die gemeinsam ins Leben starten und von denen der eine rasch ein Zuhause findet, darüber aber saturiert und träge wird. Der andere folgt immer neuen Reizen und Phantasien, kann deshalb aber keine Persönlichkeit ausbilden und geht zugrunde. Einen Mittelweg scheint es nicht zu geben.[39]

7. Gibt es romantische Liebe?

Liebe wird in der historischen Romantik nicht nur in Erzählungen und Gedichten dargestellt, sondern intensiv in der Form des Briefes ausgelebt. Die Briefkultur erreicht um 1800 in Quantität und Qualität einen ihrer Höhepunkte, weil in dieser Zeit das Bedürfnis nach Selbstvergewisserung enorm hoch ist. Im Verhältnis zu einem Du sucht ein Ich Stabilität, das andere Haltepunkte verloren hat. In Briefwechseln dieser Zeit kann man ganze Liebesgeschichten mitvollziehen, weil die Briefe zeitlich dicht aufeinander folgen und weil viele Briefpartner ihr Innenleben nahezu ungehemmt ausbreiten. Ein solch intensiver, ja geradezu manischer Briefschreiber, dessen Sätze kein Ende finden und der von seinen Empfindungen mitgerissen wird, ist Clemens Brentano. Er ist bisher in verschiedenen Rollen erschienen: als Mitglied der Heidelberger Wohngemeinschaft, als religiös Suchender, der nach einem festen Fundament verlangte, schließlich als kurzzeitiges Mitglied der politisch in einigen Äußerungen abstoßenden »Tischgesellschaft«. Seine Lebensführung wie seine Sprache sind von großer Unruhe bestimmt: »Kann der Ferne nie entgehn; / Kann die Nähe nie erlangen«[40], heißt es in einem frühen Gedicht, und ein zeitgenössischer Scherenschnitt zeigt ihn bezeichnenderweise als Schmetterling.

Abb. 8: Luise Duttenhofer, Brentano als Schmetterling, vor 1830

1798 lernt Clemens Brentano als Zwanzigjähriger in Jena Sophie Mereau (1770–1806) kennen und verliebt sich in sie. Sie ist acht Jahre älter als er und schon eine angesehene Schriftstellerin. 1800 kommt es zu einem zeitweiligen Zerwürfnis zwischen beiden, an dem Friedrich Schlegel einigen Anteil hatte, der auch an Sophie interessiert war. 1803 gehen Brentano und Sophie Mereau dann aber eine öffentliche Beziehung ein und heiraten. Aus diesem und dem folgenden Jahr stammt die Großzahl der Briefe.[41] Dabei schreibt Brentano viel öfter, viel länger und vor allem viel mehr über sich selbst, während Sophie in ihren kürzeren, aber aufrichtig liebevollen Briefen mehr von der Außenwelt, der Natur und immer wieder von ihrer Tochter aus erster Ehe spricht. Sie erweist sich als verantwortungsvoll und versucht ihrem Geliebten und Ehemann zu helfen, was allerdings nicht einfach ist, denn er wendet sich zum Beispiel so an sie: »Oft habe ich Momente, die andern Menschen die Haare sträuben würden, [...] sie rauschen wie ein drohender Kranz um meine Stirne, und sind traurige Gedanken, diesen Kranz liebe Sophie, sollst Du verwandlen oder lösen. Ich fühle täglich deutlicher, daß ich nur im fantastischsten, Romantischsten Leben Ruhe finden kann, Du mußt mir dazu helfen, Du mußt mir dies Leben erfinden helfen, sonst muß ich sterben.«[42]

In solchen Aussagen tritt in großer, manchmal auch peinigender Klarheit hervor, dass Liebe eben nicht nur das Zusammensein von zwei Menschen bezeichnet, sondern einen Zustand, in dem ein existentieller Mangel überwunden sein soll. Was sich in Schlegels »Lucinde« anbahnte, wird hier exzessiv fortgeführt: Die Frau gerät in die Position des romantisch Unbedingten, und Liebe verwandelt entweder die Welt der Dinge oder befreit, wie bei Brentano meistens der Fall, aus dem Leiden an ihr. In der Liebe will er erlöst werden: »Ich fühle, wie mich dieses Vage, unzuverlässige Schwanken ohne Grund und Boden innerlich aufreibt, ich sehne mich unendlich nach Liebe, nach heiliger, ruhiger, würdiger Liebe, o Sophie, führe mich ins Leben, führe mich in die Ordnung, gib mir ein Haus, ein Weib, ein Kind, einen Gott.«[43]

Aber wie antwortet man auf derartige Liebesbriefe? Sophie Mereau ist naturgemäß manchmal erschrocken von der Heftigkeit ihres Mannes, sie benennt auch ein »grauenvolles Zurückbeben vor Dir«, vertreibt dann aber die Gespenster und rät ihm zu therapeutischen Maßnahmen: »Glaube mir, Lieber, es ist Krankheit, ich beschwöre Dich, frage einen Arzt, lerne pflügen und holzsägen wenn es sein muß, Du bist wirklich krank.«[44] Sie wünscht sich, dass er in einen Zustand finde, in dem er frei und selbstbestimmt über das Leben hinschauen könne. Sie ist ihm für vieles dankbar, aber weiß auch, dass sie in dieser ›Beziehung‹ als Individuum nur eingeschränkt vorkommt: »Deine Begierde *nach* mir ist eben das, was

7. Gibt es romantische Liebe?

du oft *bei* mir empfunden, was dich jetzt zu mir zieht, zog Dich oft von mir weg, es ist ein allgemeines Gefühl, ein stetes Sehnen nach dem entfernten, das mich eigentlich ins besondre gar nichts angeht. Ich bitte Dich, lieber Fremdling, kom doch endlich einmal nachhause, Du bist stets nicht bei Dir, und es ist so hüpsch bei Dir; versuch es nur, und kom zu Dir selbst, Du wirst die Heimat finden, sie lieben, und dann immer mit Dir tragen!«[45]

Dieses »stete Sehnen« hatten die Romantiker entzündet und damit neben so wünschenswerten Eigenschaften wie Beweglichkeit und Wachheit eben auch Selbstzweifel und Negationszwänge befeuert. Wenn man nie zu einem letzten Ziel gelangen kann, liegt es nahe, an einem vorläufigen Ziel auszuruhen, auch auf die Gefahr hin, beides zu verwechseln und wie Brentano die geliebte Frau gleichzeitig zum Engel zu erheben oder, für die Adressatin nicht weniger irritierend, zur »höchsten Annäherung an jenes Weib, das ich in dir gesehen«[46]. So geht es in den Briefen hin und her, folgen emotionale Höhenflüge auf Depressionen, wird Sophie als Erlöserin angerufen, um ihr direkt im Anschluss den Mietvertrag für die gemeinsame Wohnung einschließlich detaillierter Angaben zu den Mietbedingungen und Preisen zu präsentieren. Die Liebesgeschichte der beiden scheiterte aber nicht an diesen emotionalen Dynamiken, sondern am äußeren Unglück. Nachdem zuvor schon zwei gemeinsame Kinder gestorben waren, überlebte Sophie Mereau die Geburt des dritten Kindes 1806 nicht.

Eine andere markante weibliche Stimme im Liebesdiskurs des 19. Jahrhunderts ist die der englischen Dichterin Elizabeth Barrett Browning (1806–1861).[47] Literaturgeschichtlich wird sie manchmal schon dem Viktorianischen Zeitalter zugerechnet, aber ihre Liebes-Sonette, die 1850 erschienen, sind von den Vorgängern der ersten Jahrhunderthälfte und ihren Konzepten romantischer Liebe geprägt. Die Form des Sonetts wirkte in der englischen Romantik besonders produktiv. Barrett Browning greift dabei allerdings auf jene Sonett-Variante zurück, die aus zwei Quartetten und zwei Terzetten besteht. In der europäischen Tradition ist sie eng mit Francesco Petrarca (1304–1374) und seiner Liebeslyrik sowie zahlreichen Schönheits-Topoi verbunden. Aber Barrett Brownings Gedichte bilden nun alles andere als einen Aufguss altbekannter Liebesrede.

Hier spricht ein weibliches Ich, das mit großer Bestimmtheit dem männlichen Du erklärt, was es mit der Liebe auf sich habe, wie sie auszuüben sei und wie nicht. So erhält das Sonett »If thou must love me, let it be for nought / Except for love's sake only«[48] seinen inneren Rhythmus durch die Reihung von Imperativen. Zunächst wird dem Liebhaber gesagt, was er alles zu unterlassen habe, bis am Ende die Lösung wahrer und dauerhafter Liebe präsentiert wird. Im Liebesdiskurs nimmt Barrett Browning eine Steigerung vor: Die moderne Liebe ist gegen soziale, ökonomische oder sonstige Zwecke gerichtet, die Partner sollen nicht von ihr profitieren, Liebe ist bedingungslos. Aber Barrett Browning löst sie nun sogar von den besonderen Eigenschaften, Wünschen und Verhaltensweisen der Partner. Rainer Maria Rilke (1875–1926) hat ihre Sonette in ein wunderbar fließendes Deutsch gebracht, das der Gedankenbewegung der Originale entspricht: »Wenn du mich lieben mußt, so soll es nur / der Liebe wegen sein. Sag nicht im stillen: / »Ich liebe sie um ihres Lächelns willen, / für ihren Blick, ihr Mildsein, für die Spur, // die ihres Denkens leichter Griff in mir / zurückläßt, solche Tage zu umrändern«. / Denn diese Dinge wechseln leicht in dir, / Geliebter, wenn sie nicht sich selbst verändern.«[49] Um die Gefühle aufrechtzuerhalten, auch wenn man den Partner gerade einmal nicht so mag oder er beziehungsweise sie sich verändert, soll »for love's sake« geliebt werden. Damit wird Liebe tatsächlich zum Höchstwert, in eine Höhe versetzt, in der sie sich auch noch vom Gegenüber löst.

In Formulierungen wie »for love's sake« tritt auch wieder die Verwandtschaft von romantischer Liebe und religiösen Gefühlen hervor. Barrett Browning leitet diesen Zusammenhang direkt her, so in ihrem vielleicht bekanntesten Sonett »How do I love thee? Let me count the ways«[50], in dem sie in immer neuen Anläufen versucht, die unsagbare Liebe dennoch zu fassen. Wie liebt sie den Mann? Zum Beispiel so: »I love thee with a love I seemed to lose // With my lost saints«[51]. In der Kindheit und Jugend, so wird erläutert, habe sie den Glauben an die Heiligen verloren, aber die damaligen Gefühle der Verehrung, die ebenfalls verloren schienen, kehren nun überraschend in der Liebe wieder.

Ungewöhnlich ist auch die schonungslose Selbstaussprache des weiblichen Ich. Die Liebes-Sonette hatte Barrett Browning wegen ihrer Intimität geheim gehalten, aber ihr Mann, der sich im angesprochenen Du wiederfand, überredete sie schließlich zur Veröffentlichung. Allerdings gab sie dem Gedichtband den Titel »Sonnets from the Portuguese« und tarnte sie damit als Übersetzungen. Barrett Browning war seit ihrer Kindheit von Krankheiten und Schmerzen geplagt, zog sich sozial zurück und lebte in

7. Gibt es romantische Liebe?

Phantasiewelten. Im Sonett »If thou must love me« wird gefordert, dass der Mann die Frau nicht aus Mitleid lieben solle oder weil er ihre Wangen trockne. Im Gedicht »How do I love thee« kann die »passion« der Leidenszeit in die Kraft der Liebe umgewandelt werden. In einem anderen Sonett, »I lived with visions for my company«[52], wird eine regelrechte Depressionsgeschichte mit der Liebe als Wendepunkt erzählt. Das Ich hatte sich von allen Menschen abgewandt und lebte nur noch mit Phantasiegestalten zusammen, aber auch die verstummten irgendwann, verloren ihre Farbe, »und meine kaum zu haltende Gestalt / verblich mit ihrem Blick«[53]. In dieser Situation der Ich-Gefährdung tritt das geliebte Du auf den Plan, »Du kamst, zu sein, // was jene schienen«[54]. Allerdings sind die inneren Erfindungen damit nicht einfach aus dem Feld geschlagen, sondern erfahren im Geliebten ihre Verkörperung – das angeredete Du konnte an solchen Stellen durchaus schlucken und sich fragen, welche Bedeutung die eigene Persönlichkeit eigentlich besitzt. Zur Erklärung der Transformation wird erneut ein religiöses Bild herangezogen: Diese entspreche der Veränderung von Flusswasser zu Weihwasser. Damit, so wird dem männlichen Du erklärt, seien nun alle Wünsche erfüllt, habe die Seele »satisfaction of all wants«[55] erfahren. Hatten jahrhundertelang Männer Frauen zum Gegenstand ihrer Projektionen erhoben, wird der Spieß nun entschieden umgekehrt, und das geschieht in einer Verbindung von Virtuosität und Lebendigkeit, denn einerseits handhabt Barrett Browning das Sonett mit allen seinen Gesetzen perfekt, andererseits dynamisiert sie die Form, vor allem durch zahlreiche Enjambements, und erreicht so eine Balance von existentieller Schwere und sprachlicher Leichtigkeit.

Wenn man nach diesem Durchgang durch romantische Liebeserfahrungen noch einmal auf den Kapitelanfang und die zitierten Alltagsberichte und Lexika zurückkommt, dann wundert es nicht, dass dort Skepsis zu finden ist: »Es besteht in paartherapeutischen Fachkreisen mittlerweile hohe Einigkeit in der Erkenntnis, dass genau das überhöhte Ideal der ›romantischen Liebe‹ im komplexen Alltag heutiger Partnerschaften aufgrund von unbewussten Projektionen, unausgesprochenen Erwartungen, überhöhten Ansprüchen und Denkhaltungen zu extremer Frustration, Enttäuschung und am Ende zur Zerrüttung der Liebesbeziehung führt.«[56] Gegenwärtig stellt sich daher die Frage, ob die jüngeren und nachwachsenden Generationen darauf verzichten, der Liebe allein höchste Relevanz für das Leben aufzubürden? Setzt sich, als Lehre aus der Geschichte der Liebe, eine pragmatischere Auffassung durch, wird das gelingende Leben auf verschiedene Felder verteilt? Andererseits ist es nicht leicht, von den romantischen Vorstellungen, die in der Welt waren, wieder Abstand zu nehmen. Wer will sich schon freiwillig für nüchterne Gefühle oder eine zweckdienliche Partnerschaft entscheiden?

Eine andere Möglichkeit wurde in der historischen Romantik bereits erprobt: an der unbedingten Liebe festzuhalten, mit ihr aber ironisch umzugehen. Die Schwärmerei für den oder die andere wird bejaht, aber auch mit Ironie behandelt. Heinrich Heine hat in seinem späten Gedicht »Gedächtnißfeyer« (1850/51) eine solche Einheit von Pathos und Nüchternheit erreicht. Er spricht von einer Liebe, die über den Tod des Geliebten hinaus bestehen bleibt, aber genauso von den alltäglichen Beschwernissen der im Leben verbliebenen Frau. Eine hohe Rede mit Begriffen wie »Messe«, »Kadosch« und »Sterbetagen« steht neben der alltäglichen von »müden Füßen«. Ein Grab wird besucht, aber der Blick fällt auch auf den Friedhofsrand, auf ein »Barrière-Gitter«, und die dort stehenden »Fiaker«, also Pferdekutschen:

> Keine Messe wird man singen,
> Keinen Kadosch wird man sagen,
> Nichts gesagt und nichts gesungen
> Wird an meinen Sterbetagen.
>
> Doch vielleicht an solchem Tage,
> Wenn das Wetter schön und milde,
> Geht spazieren auf Montmartre
> Mit Paulinen Frau Mathilde.
>
> Mit dem Kranz von Immortellen
> Kommt sie, mir das Grab zu schmücken,
> Und sie seufzet: *Pauvre homme!*
> Feuchte Wehmuth in den Blicken.
>
> Leider wohn' ich viel zu hoch,
> Und ich habe meiner Süßen
> Keinen Stuhl hier anzubieten;
> Ach! sie schwankt mit müden Füßen.
>
> Süßes, dickes Kind, du darfst
> Nicht zu Fuß nach Hause gehen;
> An dem Barrière-Gitter
> Siehst du die Fiaker stehen.[57]

7. Gibt es romantische Liebe?

Das Ich in diesem Gedicht ist religiös nicht gebunden, an den Jahrestagen seines Tods wird weder eine Gedenkmesse gefeiert, noch ein jüdisches Totengebet gesprochen – Heinrich Heine stammte aus einer jüdischen Familie und war als junger Mann zum Christentum konvertiert, er besaß ein religiöses Grundgefühl, aber keine festen Glaubensüberzeugungen. Stattdessen, so wird im Gedicht überlegt, könnte ein privates Gedenken stattfinden, aber nur »vielleicht«, und nur wenn das Wetter »schön und milde« ist, wenn es sich also ergeben sollte. Schon mit solchen Einschränkungen wird das Pathos der unbedingten Liebe, die sich doch nicht um Faktoren wie die Witterung sorgen sollte, ironisch umspielt. Auch die Formulierung, dass »Frau Mathilde«, dies der Name von Heines französischer Ehefrau, auf dem Friedhof »spazieren« gehe, will in ihrer Beiläufigkeit nicht zum Ernst des Totengedenken passen. Dass es die beiden aber doch ganz ernst miteinander meinen und die Scherze dazu dienen, eine lebensnahe und gerade deshalb glaubwürdige Fürsorglichkeit darzustellen, zeigt die letzte Strophe. Denn als die Frau erschöpft ist, auch wegen ihres Übergewichts, und als ihr die Füße weh tun, wendet sich der Tote ihr zu. Er fordert sie auf, nicht zu Fuß nach Hause zu gehen, sondern eine der Mietkutschen zu nehmen, die er ihr aus dem Jenseits zeigt: »Siehst du«. Mit dem Hinweis auf deren Standort am »Barrière-Gitter« führt Heine nicht nur ein sperriges Alltagswort in die Liebeslyrik ein, um ihr Realismus und Glaubwürdigkeit zu verschaffen. Das Gitter steht symbolisch auch für die Grenze zwischen dem toten Ich und dem trauernden Du, die im Gedicht für einen Moment des Beisammenseins überwunden werden kann. Auf dem Friedhof Montmartre, den das Gedicht benennt, liegt Heinrich Heine übrigens tatsächlich begraben, und wenn man vor seiner schönen Grabstele aus weißem Marmor steht, könnte man an dieses Gedicht denken.

8. Melancholie, Depression, Spaltung: die dunkle Seite der Romantik

Es gibt eine Richtung oder einen Teilbereich innerhalb der Literatur, der als ›Schwarze Romantik‹ bezeichnet wird. In Lexikonartikeln zu diesem Begriff werden Merkmale genannt: In der ›Schwarzen Romantik‹ herrsche oft Dunkelheit oder Nacht, als Figuren treten Menschen auf, denen eine klare Orientierung fehle, Melancholiker, Exzentriker oder Wahnsinnige. Im Handlungsverlauf komme es zu rauschhaften Zuständen und persönlichen Katastrophen. Eine solche erste Bestimmung ist hilfreich, aber man sollte nicht bei der Aufzählung von Motiven stehen bleiben, sondern fragen, warum diese Richtung entstand. Denn die ›Schwarze Romantik‹ ist kein unglücklicher Irrweg der Romantik oder eine Sonderform, in der pathologische Künstler ihr Inneres ausdrücken.

Vielmehr sind die Grenzen zwischen heller oder ›normaler‹ und dunkler oder gefährdeter Romantik nicht immer leicht zu ziehen: Ein Autor wie Novalis, einer der wichtigsten Programmgeber der Romantik, schrieb auch ein langes Gedicht mit dem Titel »Hymnen an die Nacht«, in dem rauschhaft-entgrenzende Erfahrungen gefeiert werden und das mit todessüchtigen Strophen schließt. Auch Joseph von Eichendorff, der als Prototyp einer hellen, stabilen und christlichen Romantik erscheinen mag, kannte das Gefühl, den Boden unter den Füßen zu verlieren, sehr genau. In der Erzählung »Das Marmorbild« gerät die Hauptfigur Florio und mit ihm der Leser auf die abgründige Seite der Romantik. Wie gesehen (Kapitel 7), geschieht dies besonders in jener Szene der nächtlichen Verführung durch die Venus-Figur. Da treten die typischen Motive einer Schauerromantik auf: die Angst, das Grauen, die Verbindung von Sexualität und Todesangst, als Zugabe noch eine Schlange und ein Gewitter. Besonders interessant ist das Selbstgefühl Florios, der in seiner Not ein Gebet spricht: »Herr Gott, laß mich nicht verloren gehen in der Welt!«[1]

Genau diese Angst vor einer vollständigen Orientierungslosigkeit und vor dem Selbstverlust bestimmt die ›Schwarze Romantik‹. Es kommt darauf an, sie als mögliche Konsequenz aus den Basisannahmen der Romantik zu verstehen und nicht als abnormalen Sonderweg. Die Romantik geht von der Existenz zweier Welten aus, Novalis nannte sie ›das Unbedingte‹ und ›die Dinge‹. Diese beiden Bereiche sollen in ein Verhältnis gesetzt und verbunden werden, idealerweise so, dass die Dinge romantisiert, in ein besonderes Licht gerückt werden. So sollen sie auf das nicht fassbare Unbedingte hinweisen, es erahnen lassen. Der romantische Mensch lebt also in zwei Welten oder zwei Wahrnehmungsweisen einer Welt, die ihm als eng verwandt, manchmal als fast vereint vorkommen. Zwischen ihnen muss er immer wieder ausgleichen, mit beiden muss er jonglieren. Das Gelingen dieses Ausgleichs ist aber nicht selbstverständlich, und Romantiker sind daher gefährdet, ganz in eines der beiden Gebiete zu geraten und das andere zu verlieren. Dann finden sie entweder in den Dingen nichts Höheres mehr und verzweifeln an der Sinnlosigkeit der ersten Welt. Oder sie leben nur noch im anderen Bereich der Ideen, der Phantasie, ihrer Hirngespinste, und sind nicht mehr für das alltägliche Leben tauglich. Oder sie behalten zwar beide Welten im Blick, springen aber so abrupt zwischen den Wahrnehmungen hin und her, dass ihre Ich-Einheit bedroht ist, dass sie ihr normales und ihr besonderes Ich nicht mehr zusammenbringen können: Die Spaltung droht.

Die eine Herausforderung für Romantiker liegt also darin, die beiden Bewusstseinsmodi auszubalancieren, und sie ist schon anspruchsvoll genug. Eine weitere ergibt sich aus der Forderung nach einer unablässigen Bewegung und inneren Unruhe. Lässt sich das lebensgeschichtlich überhaupt durchhalten, immer im Gefühl der Suche zu bleiben und nie anzukommen? Eine Aussage wie die von Novalis, »daß durch kein Handeln das erreicht wird, was wir suchen«[2], kann je nach Stimmung und Lebensphase auch höchst deprimierend klingen. Und noch einfacher gefragt: Wohin soll man sich überhaupt bewegen, wenn man das Unbedingte gleichzeitig überall suchen, aber nirgends finden kann? Ist Romantikern noch eine Richtung vorgegeben oder sind ihre Entscheidungen willkürlich und können in einem hektischen Hin und Her enden?

»Wohin?«, das ist eine Grundfrage der Romantik. Im »Heinrich von Ofterdingen« wird sie gestellt, »Wo gehn wir denn hin?«, und mit Weltvertrauen beantwortet: »Immer nach Hause«.[3] Die Frage bildet auch den Titel eines Lieds aus der Sammlung »Die schöne

8. Melancholie, Depression, Spaltung

Müllerin« von Wilhelm Müller, die in der Vertonung von Franz Schubert berühmt wurde. In dieser Abfolge von 23 (bzw. 20 vertonten) Liedern wird die Geschichte eines Gesellen erzählt, der sich auf eine Wanderschaft begibt und die Tochter eines Müllers kennenlernt. Er verliebt sich in sie, wird aber von einem Rivalen verdrängt und sucht schließlich den Tod im Wasser. Am Anfang des Zyklus steht das bekannte »Das Wandern ist des Müllers Lust«, darauf folgt »Wohin?«. Der Geselle befindet sich an einem Bach, der aus einer Felsenquelle in ein Tal herunterrauscht. Er folgt dem Wasserlauf: »Ich weiß nicht, wie mir wurde, / Nicht, wer den Rat mir gab, / Ich mußte auch hinunter / Mit meinem Wanderstab«[4]. Das heißt: Dieses Ich durchschaut sich nicht und folgt einer Notwendigkeit, die es nicht zuordnen kann.

Man darf sich von den einfach-harmonischen Versen und vom plätschernden Bach nicht täuschen lassen, hier ist von Nicht-Wissen und Desorientierung die Rede, die sich im Lauf des Lieds steigert: »Ist das denn meine Straße? / O Bächlein, sprich, wohin? / Du hast mit deinem Rauschen / Mir ganz berauscht den Sinn.«[5] Dieser Mensch besitzt keinen geplanten Lebensweg, sondern befindet sich im Unklaren, und Schubert hat mit musikalischen Mitteln die diffuse Innenwelt des Wanderers dargestellt, aber auch Todesahnungen in die Bewegung des Bachs eingeflochten, wie die Musikwissenschaftlerin Christiane Wiesenfeldt gezeigt hat.[6] So findet sich also in der scheinbar klaren und zukunftsoffenen Romantik ihr dunkler Anteil, weil die Suchbewegung des Menschen kein Ziel mehr kennt, bildlich ausgedrückt: Neben der blauen Blume von Novalis wächst das schwarze »Blümlein Vergißmein«, das der Müllergeselle sieht: »Und willst das Blümlein pflücken, / Dich zieht der Abgrund nach«[7].

Die romantischen Ausrichtungen auf das Helle oder Dunkle gehören also zusammen. E.T.A. Hoffmann ist jener Autor, der im deutschsprachigen Bereich die Spaltung der Welt und den Selbstverlust am eindrucksvollsten dargestellt hat. In seiner längeren Erzählung »Der goldene Topf« können diese Bedrohungen am Ende überwunden werden, in »Der Sandmann« führen sie in Desaster und Tod. Ernst Theodor Amadeus Hoffmann (1776–1822) war durch seine Lebenspraxis mit dem Nebeneinander mehrerer Perspektiven vertraut, denn er war nicht nur Schriftsteller, sondern auch Komponist und Musikkritiker. Neben seinem künstlerischen Leben ging er erfolgreich einer Berufstätigkeit als Jurist nach. Durch sein Elternhaus kannte er den Alkoholismus und Erscheinungen der psychischen Zerrüttung, für die er sich auch theoretisch interessierte. So war er in Forschungen zur Psychiatrie und zum Wahnsinn eingelesen. In seinen Erzählungen und Romanen folgt er dem romantischen Programm, im Alltäglichen das Höhere und Ungewöhnliche zu entdecken. Seine zweite Ordnung in und hinter der ersten ist weniger als in der Frühromantik christlich oder philosophisch bestimmt. Weiterhin ist es aber diese zweite Welt, die dem Leben Zauber verleiht und aus der Enge des Alltags befreit.

Der Student Anselmus, die Hauptfigur im »Goldenen Topf«, läuft am Himmelfahrtstag in Dresden in den Korb einer alten Obsthändlerin. Als Ausgleich für sein Missgeschick und das ramponierte Obst bietet er ihr hastig sein weniges Geld an, ohne das er nun nicht an den erhofften gesellschaftlichen Vergnügungen teilnehmen kann. Einsam setzt er sich an das Ufer der Elbe und denkt über seine Ungeschicklichkeit und das Scheitern nach, das er oft erfahren hat. Soweit beginnt die Erzählung realistisch, unterstrichen durch die Nennung eines wirklichen und bekannten Raums, Dresden mit dem Elbufer. Genau dort kommt es zu einem seltsamen Erlebnis, denn in einem Holunderbaum über sich hört Anselmus Stimmen:

Der Student Anselmus dachte: das ist denn doch nur der Abendwind, der heute mit ordentlich verständlichen Worten flüstert. – Aber in dem Augenblick ertönte es über seinem Haupte, wie ein Dreiklang heller Krystallglocken, er schaute herauf und erblickte drei in grünem Gold erglänzende Schlänglein, die sich um die Zweige gewickelt hatten, und die Köpfchen der Abendsonne entgegenstreckten. Da flüsterte und lispelte es von Neuem in jenen Worten, und die Schlänglein schlüpften und kos'ten auf und nieder durch die Blätter und Zweige, und wie sie sich so schnell zu rühren anfingen, da war es, als streue der Holunderbusch tausend funkelnde Smaragden durch seine dunklen Blätter. ›Das ist die Abendsonne, die so in dem Holunder spielt‹, dachte der Student Anselmus, aber da ertönten die Glocken wieder und Anselmus sah, wie eine Schlange ihr Köpfchen nach ihm herabstreckte. Da fuhr es ihm durch alle Glieder wie ein elektrischer Schlag, er erbebte im Innersten – er starrte herauf und ein Paar herrliche dunkelblaue Augen blickten ihn mit unaussprechlicher Sehnsucht an, so daß ein nie gekanntes Gefühl der höchsten Seligkeit und des tiefsten Schmerzes seine Brust zersprengen wollte.[8]

Weder Anselmus noch die Leser wissen, welche Realität diese Schlangen besitzen. Es liegt nahe, darin eine Einbildung zu vermuten, denn Anselmus befindet sich in einer schwierigen psychischen

8. Melancholie, Depression, Spaltung

Situation, ist also anfällig für Wunschphantasien, die durch Naturphänomene (»Abendwind«, »Abendsonne«) angeregt werden könnten. Es könnte allerdings auch sein, dass in der Welt dieser Erzählung sprechende Schlangen wirklich existieren, dass also Wunderbares wie im Märchen einfach vorkommt, und »Ein Märchen aus der neuen Zeit« heißt die Erzählung auch im Untertitel.

Aber weder die eine noch die andere Lesart wird bestätigt. Anselmus muss mit der Existenz paralleler Welten zurechtkommen, muss sich von einer ehrbaren Bürgersfrau als »nicht recht bei Troste!« beschimpfen lassen, während er den Holunderbaum umfasst und den verschwundenen Schlänglein mit den Glockenstimmen hinterherruft. Er bleibt verunsichert, was es mit den Erscheinungen auf sich hat und in welche Welt er eigentlich gehört. Ein Punschabend in Gesellschaft einiger Freunde vertreibt zunächst seine Phantasien – einen solchen ausgedehnten Abend konnte E. T. A. Hoffmann von den Details der Punschzubereitung bis zu den rauschhaften Folgeerscheinungen suggestiv darstellen. Als Anselmus eine studentische Arbeit annimmt und für den Archivrat Lindhorst Manuskripte kopiert, gerät er in dauerhafte Berührung mit dem wunderbaren Bereich. Denn Lindhorst führt eine Doppelexistenz. Einerseits lebt er als bekannter Bürger mit seiner Berufstätigkeit in der Stadt, andererseits handelt es sich bei ihm um einen Elementargeist. Als solcher hat er drei Töchter, und diese hat Anselmus in Schlangengestalt im Baum an der Elbe gesehen. In die jüngste Tochter, in Serpentina, hat er sich verliebt. Wieder tritt die Doppelgestalt der Wirklichkeit hervor, wenn Anselmus den Garten von Lindhorsts Haus je nach innerer Stimmung ganz unterschiedlich wahrnimmt, einmal als Zaubergarten voll mit »prunkenden Insekten«, duftenden Blumen und Spottvögeln, die ihm etwas zurufen. Bei einem anderen Besuch stellt er ernüchtert fest: Nichts als »gewöhnliche Scherbenpflanzen, allerlei Geranien, Myrtenstöcke u. dergl. Statt der glänzenden bunten Vögel, die ihn sonst geneckt, flatterten nur einige Sperlinge hin und her, die ein unverständliches unangenehmes Geschrei erhoben.«[9]

Im Verlauf der Handlung greift ihn eine feindliche Macht an, die von der Obstfrau des Anfangs verkörpert wird. Mit Formen des Grusel- und Horrorrepertoires stellt Hoffmann dar, wie die Alte Anselmus attackiert und stark verwirrt. Als er daraufhin beim Kopieren einen Fehler begeht, wird er von Lindhorst zur Strafe in eine Kristallflasche verbannt. Einprägsam wird geschildert, wie Anselmus eingesperrt ist, »von blendendem Glanze dicht umflossen«[10]. Er steht auf einer Brücke über der Elbe, als er neben sich plötzlich andere junge Leute erkennt, die ebenfalls in Flaschen gefangen sind. Sie aber fühlen sich wohl und wissen gar nicht, was Anselmus meint, wenn er sie anspricht, denn in ihrer Wahrnehmung führen sie ein höchst vergnügtes Leben. Auch dieses Gefangensein kann man als wunderbar-märchenhaftes Element ansehen und mitlesen, kann es aber auch so verstehen, dass Anselmus hier etwas erkennt: die Enge eines Lebens, das sich auf Geld und Lustgewinn konzentriert, gesellschaftlichen Mechanismen folgt und davon geblendet und verblendet ist.[11]

Am Schluss der Geschichte kommt es zu einer Schlacht zwischen Lindhorst und dem bösen Prinzip, das unterliegt. Anselmus wird mit Serpentina auf die phantastische Insel Atlantis versetzt, wo ihm der »heilige Einklang aller Wesen als tiefstes Geheimnis der Natur« offenbar wird.[12] Vielleicht handelt es sich bei dieser Insel der Seligen aber auch nur um ein Rittergut seines Schwiegervaters, wieder schwankt die Erzählung. Das Ende ist besonders stark mit Ironie durchsetzt, auch dadurch, dass der Erzähler mit der Figur Lindhorst in Kontakt tritt, der ihm einige Erklärungen zur vorherigen Geschichte liefert. Aber die Ironie zerstört nicht und setzt nicht Hoffmanns Poetik außer Kraft. Seine Idee von Literatur hat er einmal so formuliert:

Ich meine, daß die Basis der Himmelsleiter, auf der man hinaufsteigen will in höhere Regionen, befestigt sein müsse im Leben, so daß jeder nachzusteigen vermag. Befindet er sich dann immer höher und höher hinaufgeklettert, in einem fantastischen Zauberreich, so wird er glauben, dies Reich gehöre auch noch in sein Leben hinein, und sei eigentlich der wunderbar herrlichste Teil desselben.[13]

Das Bild der Leiter veranschaulicht, dass die beiden Regionen, die wirkliche und die wunderbare, verbunden werden können, aber der friedliche Übergang gelingt nicht immer. Auch Anselmus ist zwischenzeitlich vom Wahnsinn bedroht, aber er hat Glück, und er hat auch Freunde, die zu ihm halten.

In Hoffmanns berühmter Gruselgeschichte »Der Sandmann« führt das gespaltene Bewusstsein der Hauptfigur Nathanael dagegen in die Katastrophe.[14] Schon dem Kind Nathanael erscheint die zweite Welt nicht als Verheißung, sondern als Bedrohung. Er erlebt den Tod seines Vaters bei unbekannten chemischen Experimenten gemeinsam mit Coppelius, den Nathanael für den titelgebenden »Sandmann« hält. Das ist eine schreckliche Figur aus einer

8. Melancholie, Depression, Spaltung

Geschichte, die ihm als Kind erzählt wurde. Nathanael gerät immer tiefer in Zustände von Unfreiheit, verliebt sich in einen menschenähnlichen Automaten und versucht seine eigentlich menschliche Geliebte zu töten. Er endet im Selbstmord.

Intensiver als im »Goldenen Topf« werden Wahnsinnsphänomene dargestellt, die Hoffmann aus der medizinischen Forschung kannte, aus Abhandlungen wie der von Johann Christian Reil (1759–1813): »Rhapsodieen über die Anwendung der psychischen Curmethode auf Geisteszerrüttungen« (1803). Dort ging es um den Liebeswahnsinn und um einen Menschentyp, »der die äusseren Gegenstände falsch wahrnimmt« und sie »nicht genau von den Phantomen, die seine Phantasie aussheckt«, unterscheiden kann.[15] So verliebt sich Nathanael in den menschenähnlichen Automaten Olimpia, der er seine Dichtungen vorliest, die er aber auch küsst. Wenn sie dann »Ach, Ach!« oder »Gute Nacht, mein Lieber!« sagt, antwortet er: »O du herrliches, du tiefes Gemüt« und fühlt sich von ihr allein in der Welt verstanden.[16] Seiner eigentlichen Geliebten Clara entfremdet er sich zusehends und beschimpft schließlich sie als fühllosen Automaten. Die Hinzunahme der Technik stellt eine weitere Veränderung gegenüber der frühen Romantik dar: Es gibt Automaten, die sich wie Menschen benehmen und umgekehrt, und optische Instrumente verändern die Wahrnehmung so stark, dass die Menschen Zwangshandlungen begehen.

Wieweit die zweite Welt existiert, ob sie ein Produkt der Phantasie Nathanaels darstellt, bleibt offen. Denn nicht nur Nathanael nimmt unerklärliche Ereignisse wahr: Sowohl der Erzähler als auch Clara und Nathanaels Freund Lothar bieten gelegentlich Erklärungen für seltsame Erscheinungen an. Eine »dunkle Macht« existiere zwar, aber nur im Inneren des Menschen, der ihr Raum eröffne, also als »Fantom unseres eigenen Ichs«.[17] Wer dagegen den eigenen Lebensweg gefunden habe und einen gestärkten Sinn besitze, der könne die unheimlichen Kräfte abwehren. Nathanael scheint dies zwischenzeitlich zu gelingen, aber am Ende fällt er plötzlich in den Wahn zurück und begeht mit einem Sprung von einem Turm Selbstmord.

Anders als in der optimistischen oder religiös gesicherten Romantik führt die zweite Wahrnehmung im »Sandmann« nicht in ein Zuhause. Es gibt weiterhin etwas Anderes hinter oder in der ersten Welt, aber es verbreitet Schrecken und Angst, leitet den Menschen nicht, sondern droht ihn zu vernichten. Zudem gerät das Verhältnis der beiden Welten aus den Fugen. Der Ausgleich und der friedliche Übergang von einer in die andere gelingen nicht. Sollte die erfahrbare erste Wirklichkeit ursprünglich eine Ahnung der ungreifbaren zweiten bieten, so fallen nun beide zusammen, das Reale und das Imaginäre sind nicht mehr zu entwirren. Eine Figur wie Nathanael kann auch von seinen Freunden nicht auf den Boden der Tatsachen oder auf einen Lebensweg von »Neigung und Beruf«[18] gebracht werden. Die Frage »Wohin?« kann er nicht mehr beantworten.

So ergeht es auch anderen Figuren der ›Schwarzen Romantik‹, die an Orientierungslosigkeit leiden oder von einem Extrem ins andere geworfen werden. In der Erzählung »Der Runenberg« von Ludwig Tieck tritt der Gegensatz schon landschaftlich hervor.[19] Die erste Welt ist die der geordneten Ebene, der Zivilisation und der Pflanzen, die zweite liegt im Gebirge, abseits vom Sozialen, und hier faszinieren die Steine. Die Hauptfigur Christian bewegt sich mehrmals zwischen den Bereichen hin und her, aber ohne, dass er bewusste Entscheidungen treffen würde. »Es hat mich«, so erklärt er einmal, »wie mit fremder Gewalt aus dem Kreise meiner Eltern und Verwandten hinweg genommen, mein Geist war seiner selbst nicht mächtig«[20]. In einer anderen Selbstcharakterisierung spricht er davon, dass er jahrelang die wahre Gestalt seines Inneren vergessen konnte, die dann »wie ein neuer Mond« als »das regierende Gestirn«[21] in ihm aufgegangen sei. Allerdings schwankt er auch in der Einschätzung, worin die wahre Gestalt seiner Persönlichkeit eigentlich liege.

Denn nachdem er die Ordnung seiner Herkunftsfamilie verlassen hat und als Jäger ins Gebirge gezogen ist, verliert er sich dort in den Rätseln der Natur und wird mit magischen Kräften konfrontiert. Er entdeckt Verlockungen der Sexualität, in der Phantasie einer (ein wenig klischeehaft gestalteten) »großen weiblichen Gestalt«, deren »langes schwarzes Haar« bis zu den Hüften reicht und die sich in den Gemäuern einer Ruine das »Gewand des Busens« löst.[22] Als er aber in die Welt der Ebene zurückkehrt, wo er heiratet und Kinder bekommt, wirtschaftlich erfolgreich ist und dem christlichen Glauben folgt, erscheint ihm die vorherige Phase plötzlich als gefährliche Verirrung, als Frevel und Wahnsinn. Seine Persönlichkeit schließt sich psychisch, er lebt in einem geordneten sozialen Raum, bis er durch den Reiz des Goldes sowie durch Erinnerungen an die verlockende Frau im Gebirge erneut verunsichert wird. Er hört Stimmen in der Natur, verlässt seine Familie und kehrt ins Steinreich zurück. Am Ende der Erzählung

8. Melancholie, Depression, Spaltung

erscheint die Hauptfigur in äußerlich verwahrloster Gestalt, als nur noch eingeschränkt dialogfähig, mit Zügen einer Verwirrung, in der er Kiesel- und Quarzsteine für Juwelen hält.

»Der Unglückliche« nennt ihn der Erzähler im letzten Satz, aber unglücklich war Christian auch in der alltäglichen, stabilen Welt. Auch er gehört zu jenen romantischen Figuren, denen es nicht gelingt, ein »hohes ewiges Glück« und ein »vergängliches und zeitliches« miteinander zu verbinden.[23] Statt das Leben im sozialen Gefüge und der Ebene so zu gestalten, dass es auf das hohe Glück hinweist, sind ihm »das Seltsamste und das Gewöhnliche [...] so in einander vermischt, daß er es unmöglich sondern konnte«[24]. Hinzu kommt, dass die leitenden Ideen im »Runenberg« vor allem in der Natur gesucht werden, diese aber ein Rätsel bleibt. Die romantische Naturphilosophie hatte eigentlich angestrebt, Erscheinungen der Natur in ein Verhältnis zum menschlichen Leben zu setzen, so wie es der alte Bergmann im »Heinrich von Ofterdingen« erklärt hatte.[25] Dieser Brückenschlag gelingt aber in der ›Schwarzen Romantik‹ nicht, weil die Natur sich nicht auf positive Prinzipien hin deuten lässt. Vielmehr wirken in ihr Kräfte, die sich nicht in ein sozial verantwortliches Leben überführen lassen: »Das Waldweib hat mich gerufen«, erklärt Christian, und das heißt, dass er die Enge der Zivilisation verlassen muss, sich damit aber Einflüssen aussetzt, die er nicht mehr kontrollieren kann, die glückhaft und gleichzeitig zerstörerisch sind.

So wie die Hauptfigur zwischen dem Bedingten und dem Unbedingten schwankt, so schwankt auch die Erzählung zwischen den Gattungen, denn sie weist Märchenelemente auf, wenn Christian zum Beispiel an einer Wurzel in der Erde zieht und »ein dumpfes Winseln im Boden hört«[26]. Sie besitzt aber auch Züge einer psychologischen Novelle, wenn Christians Befindlichkeit als erfolgreicher Familienvater feinfühlig dargestellt wird. Beide Regionen, die soziale und die wunderbare, wirken ohne die Ergänzung der anderen unbefriedigend oder destruktiv, aber eine Romantisierung oder auch nur noch weitergehende Annäherung gelingt nicht. Es entsteht eine Entweder-Oder-Situation, an der die Figur zerbricht.

Eine andere Form der ›Schwarzen Romantik‹ enthält der Roman »Nachtwachen von Bonaventura« von August Klingemann (1777–1831).[27] Denn hier ist die Welt der Dinge vom Bereich der Vorstellungen überhaupt nicht mehr zu trennen, und auch das Ich verliert in der durchgängig herrschenden Dunkelheit seine Kontur. In dieser schwarzromantischen Variante spielt die Philosophie wieder eine größere Rolle. Klingemann verweist in den »Nachtwachen« auf Kant und seine Einsicht, dass »Zeit und Raum nur bloße Formen der sinnlichen Anschauung sind«[28], aber wichtiger für ihn und andere skeptische Autoren ist Johann Gottlieb Fichte. Dieser wird so vorgestellt, dass er die Welt »in das kleine Ich, das jeder winzige Knabe ausrufen kann, wie in ein Taschenformat zusammendrängt. Jeder vermag jezt aus der unbedeutenden Hülse, wie es ihm beliebt, ganze Kosmogonien, Theosophien, Weltgeschichten und dergleichen, samt den dazu gehörigen Bilderchen herauszuziehen.«[29] Wenn alles aus dem Ich hervorgeht, so erklärt der Roman, entsteht ein Gefühl von Bodenlosigkeit. Mitmenschen werden zu Masken, die um das Ich herumtanzen, und wenn es sich selbst anschauen und fassen will, erscheint es als »der Gedanke eines Gedanken, der Traum eines Traumes«[30].

Diese Aussagen ähneln einer Passage aus Fichtes Schrift »Die Bestimmung des Menschen« (1800) sehr stark. Dort wird das Gefühl beschrieben, dass es keine Realität außerhalb unserer Vorstellungen gebe: »Bilder sind: sie sind das Einzige, was da ist, und sie wissen von sich, nach Weise der Bilder: – Bilder die vorüberschweben, ohne daß etwas sei, dem sie vorüberschweben«[31]. Der darauffolgende Satz entspricht bis in die Formulierung dem Lebensgefühl der »Nachtwachen«: »Alle Realität verwandelt sich in einen wunderbaren Traum, ohne ein Leben, von welchem geträumt wird, und ohne einen Geist, dem da träumt.«[32]

»Die Bestimmung des Menschen« ist gut geeignet, um in Fichtes Denken einzuführen, weil er sich damit an ein größeres, nicht philosophisch vorgebildetes Publikum richtet. Er behauptet, dass in allem, was man als Welt wahrnimmt, man selbst stecke. Die Welt kennen wir also nur in Form unserer Vorstellungen. Die Dinge sind Empfindungen, die nach außen getragen wurden und dort angeschaut werden. Dann folgen jene oben zitierten Sätze zu den Bildern und dem Leben als Traum. Allerdings bleibt Fichte, und das ist entscheidend, an diesem Punkt nicht stehen, sondern treibt seine Diagnose gerade deshalb so weit, um den notwendigen Ausgang aus der inneren Gefangenschaft weisen zu können: Denn Realität kann durch Handeln zurückgewonnen werden. Indem ich wirke, erfahre ich Wirklichkeit. Als handelndes Ich wird man seiner selbst gewiss. Dabei ist das Handeln ganz konkret gemeint. Fichte will die Energien der Subjekte in die Verbesserung der Welt leiten, in die Politik oder die Bildung. Genau diesen Schritt in die Praxis aber gehen die Schwarzromantiker nicht mit, sondern ver-

8. Melancholie, Depression, Spaltung 119

harren in der Unsicherheit und im Zwischenreich von Illusion und Wirklichkeit. Anders als bei Fichte (und vor ihm auch bei Kant) wird die Erkenntniskritik in der ›Schwarzen Romantik‹ nicht zur Grundlage einer erneuerten Moral.

So sind die »Nachtwachen von Bonaventura« zu verstehen, die 1805 anonym erschienen und erst nach philologischer Detektivarbeit am Ende des 20. Jahrhunderts sicher August Klingemann als Autor zugeordnet werden konnten.[33] Klingemann war Dichter und Theaterdirektor, was die Vielzahl der Theater-Metaphern in den »Nachtwachen« erklärt. Aber diese Metaphern passen auch zu einer Welt, in der alle Menschen nur Rollen spielen. Die beste von ihnen ist die des Hanswursts, der sich selbst und die anderen nicht ernst nimmt. Auch Dichter-Figuren kommen in den »Nachtwachen« vor. Der Ich-Erzähler Kreuzgang war selbst früher Dichter und arbeitet nun als Nachtwächter. Als solcher zieht er durch die dunklen Straßen, verspottet die Menschen und ruft einmal zum Scherz den Beginn der Ewigkeit aus. Er findet einen erhängten Dichter-Kollegen in dessen Wohnung vor, besucht ein Tollhaus, in dem es nicht anders zugeht als sonst in der Welt, und gelangt zuletzt auf den Friedhof. Dort sucht er nach der Leiche seines Vaters, den er nie kennengelernt hat. Nirgendwo aber findet er einen Gegenhalt zur eigenen Subjektivität, zum »großen schrecklichen Ich, das an sich selbst zehrte, und im Verschlingen stets sich wiedergebar«[34]. Die Welt bleibt eine vorüberfliegende Phantasie, das Schlusswort des Romans lautet programmatisch »Nichts!«[35].

Diese schwarze Variante der Romantik ist keine Besonderheit der deutschen Literatur, sondern auch in englischsprachigen Texten zu finden. Für den Übergang von der phantastischen Romantik, die zwei Welten unlösbar miteinander verbindet, zu einer psychologisch anspruchsvollen Grusel- und Schauerliteratur steht der amerikanische Autor Edgar Allan Poe (1809–1849).[36] Er kannte die englische Romantik sehr gut und die deutsche in ihren wichtigsten Ideen. Im Vergleich mit seinen Vorgängern erzählt er aber effektvoller, atmosphärisch stärker und viel spannender. Seine Figuren sind in ihrem Innenleben so suggestiv dargestellt, dass man noch heute mit ihnen Angst und Schrecken durchleiden kann. An die Romantik lässt Poe sich anschließen, weil auch er von einem Zwei-Welten-Modell ausgeht.

In der berühmten Erzählung »The Fall of the House of Usher« tritt dieser Dualismus hervor.[37] Denn jener Roderich Usher, den der Ich-Erzähler auf dessen unheimlichem Schloss besucht, wird von einem »Idealismus« geradezu getrieben.³⁸ So malt oder zeichnet er abstrakte Bilder: »Wenn je ein Sterblicher vermochte, eine Idee zu malen, so war es Roderich Usher«³⁹. Usher, der mit seidigen, langen Haaren und einem übernatürlichen Strahlen der Augen geisterhaft aussieht, spielt auch Gitarre, und einmal trägt er ein Lied mit dem Titel »Das Geisterschloss« vor. Darin wird ein Schloss beschrieben, auf dem zuerst »Der Gedanke« herrscht. Es stammt vom Himmel ab, ist von grüner Natur, Licht und süßen Lüften umgeben:

I. In the greenest of our valleys,
   By good angels tenanted,
   Once a fair and stately palace–
   Radiant palace–reared its head.
   In the monarch Thought's dominion–⁴⁰

Der herrschende Gedanke wird froh in den Künsten ausgedrückt, aber man folgt auch gern der Pflicht, die aus ihm hervorgeht.

IV. And all with pearl and ruby glowing
    Was the fair palace door,
    Through which came flowing, flowing, flowing,
    And sparkling evermore,
    A troop of Echoes whose sweet duty
    Was but to sing,
    In voices of surpassing beauty,
    The wit and wisdom of their king.⁴¹

Es folgt ein Einschnitt mit einer völligen Verkehrung der Situation:

V. But evil things, in robes of sorrow,
   Assailed the monarch's high estate;
   (Ah, let us mourn, for never morrow
   Shall dawn upon him, desolate!)
   And, round about his home, the glory
   That blushed and bloomed
   Is but dim-remembered story
   Of the old time entombed.⁴²

Dämonen stürzen den König von seinem Thron, und nun sieht man auf dem Schloss Gespenster tanzen und »lachend ekle Geister«⁴³ aus dem Tor quellen.

Dieses Lied bezieht sich einerseits auf den jahrhundertealten Stammsitz des Hauses Usher, in dem Roderich von Wahnvor-

8. Melancholie, Depression, Spaltung

stellungen bedrängt wird, aber darüber hinaus stellt es auch eine allgemeine Entwicklung dar (eine solche Aufgabe kommt eingelagerten Liedern in romantischer Prosa oft zu). Denn mit dem Lied wird genau jener Wandel, der für die ›Schwarze Romantik‹ ausschlaggebend war, dargestellt. Die zweite Welt der Ideen hat sich verfinstert, aus den Hoffnungen sind Ängste gewachsen, und die Ahnung eines Zuhauses hat einer großen Beklemmung Platz machen müssen. Jene bedrohlichen Kräfte, die den Menschen unfrei werden lassen, haben in der Erzählung den gesamten Schauplatz erfasst und in Besitz genommen.

Schon als der Ich-Erzähler sich am Anfang dem Schloss nähert, überfällt ihn ein trübes Gefühl, das er mit dem Erwachen eines Opiumsüchtigen aus seinem Rausch vergleicht. Der gesamte Bau scheint ihm von einer eigenartigen Atmosphäre umschlossen zu sein, »die emporgedunstet war aus den vermorschten Bäumen, den grauen Mauern und dem stummen Pfuhl«[44]. Als er seinen Jugendfreund Roderich wiedersieht, verstärkt sich dieser Eindruck. Usher wirkt wie von einer nicht fassbaren Gefährdung umgeben und verhält sich überempfindlich gegen Nahrung, Kleidung und Licht. Wenn er seine Situation zu erklären versucht, setzt er romantische Denkweisen fort und greift auf vereinfachte naturphilosophische Ideen zurück: Auch die Pflanzen, so erklärt er dem Ich-Erzähler, der Mühe hat, ihm zu folgen, besitzen ein Empfindungsvermögen, auch sie sind beseelt. Selbst im anorganischen Bereich, in der Welt der Steine, seien Spuren des Geistes zu finden.[45] Solche Spekulationen finden sich zum Beispiel in der Naturphilosophie Schellings, der zur ersten Generation der Romantiker gehörte. Aber auch dieser Komplex ist ins Pessimistische gekippt, denn die Kräfte der Natur haben, so mutmaßt Usher, in der Anordnung der Steine des Schlosses, in einem besonderen Bindemittel und einem alles überziehenden Pilzgeflecht jene Atmosphäre hervorgebracht, in der sich sein Denken notwendig verdüstern musste.

Im Plot der Erzählung kommt es zu abenteuerlich-gruseligen Verwicklungen mit einer Schwester Ushers, die zunächst lebendig begraben wird. Nach einigen Tagen befreit sie sich aus dem Sarg, erscheint im Saal des Schlosses und reißt ihren Bruder und sich selbst in den Tod – das alles in einer wilden Sturmnacht, in der zuletzt, nachdem der Ich-Erzähler geflüchtet ist, das gesamte Schloss in sich zusammensinkt. Allerdings ist sich der Leser nicht sicher, was davon ›wirklich‹ passiert ist und was aus der völlig überreizten Phantasie des Ich-Erzählers hervorgegangen ist. Denn dieser sagt selbst, dass er am Ende fast wahnsinnig vor Angst gewesen sei, und es gibt immer wieder Hinweise darauf, dass Phänomene deckungsgleich mit Ängsten der Figuren sind. Bevor die tote Schwester erscheint, ruft Usher zum Beispiel den Erzähler an: »*Madman! I tell you that she now stands without the door!*«[46] Die Erzählung geht dann weiter: »As if in the superhuman energy of his utterance there had been found the potency of a spell«[47] – und daraufhin reißen die Türflügel auf. Ob hier von der Psyche der Figuren oder von übernatürlichen Kräften die Rede ist, lässt sich nicht entschlüsseln. Darin liegt Poes große Suggestivität. Er knüpft an die romantische Doppelgestalt der Wirklichkeit oder der Wahrnehmungsweisen an. Sie führt zur Verunsicherung der Figuren, zu Angstzuständen und zum Wahnsinn. Wo in der hellen und stabilen Romantik hinter geöffneten Türen eine Verheißung zu erhoffen war, tritt in der ›Schwarzen Romantik‹ eine grauenhafte Bedrohung ein.

9. Verjüngungen.
Romantik im 20. Jahrhundert und in der Gegenwart

Ist Bob Dylan zum Beispiel ein Romantiker? Immer wieder nach der historischen Romantik, also nach 1850, sind romantische Vorstellungen wieder aufgenommen, verändert und verjüngt worden. Oft geschah dies überraschend: Thomas Mann aktivierte zur Verteidigung der Weimarer Republik Novalis, Christa Wolf entdeckte während der späten DDR eine Vorgängerin in Karoline von Günderrode, der Philosoph Richard Rorty verknüpfte nach dem Abdanken der großen politischen Ideologien den Pragmatismus mit der romantischen Ironie. Im 21. Jahrhundert singt Ed Sheeran geradezu erzromantisch: »We watched the sunset over the castle on the hill«. Allerdings schießen solche Interessen an der Romantik auch nicht willkürlich aus dem Boden. In einem historischen Längsschnitt könnte man zeigen, dass es Phasen gibt, in denen die Romantik wenig beachtet wird und ruht, dann aber auch Zeiten, in denen eine größere Gruppe von Menschen sie neu für sich entdeckt.

In der deutschen Kultur kommt es ab etwa 1890 zu einer ersten Erneuerung der Romantik. Der bekannteste Autor dieser Zeit, der sich in seiner Jugend an Novalis schulte, ist Hermann Hesse (1877–1962). Wer ihn gelesen hat, weiß um die romantischen Motive und Konstellationen. Hesses Figuren sind Wahrheitssucher, aber die ironischen und skeptischen Anteile der alten Romantik sind für ihn weniger wichtig.

In den Jahrzehnten des 20. Jahrhunderts, die von den Kämpfen der großen Ideologien bestimmt waren, konnten die romantischen Unendlichkeitsgefühle kaum durchdringen. Im ersten Drittel des 20. Jahrhunderts entwickelt sich eine Haltung, die das Unbedingte nicht suchen, sondern auf den Boden der Tatsachen herabholen und realisieren will. Das Absolute soll die Gestalt politischer Ordnungen annehmen. Für die Zwischentöne des Verfehlens ist wenig Platz.

9. Verjüngungen

Seit den 1960er- und 1970er-Jahren aber ändert sich das geistige Klima. Wer gesehen hatte, dass die Realisierung des Unbedingten in Zwang und Gewalt umgeschlagen war, und wer sich gleichzeitig nicht mit der pragmatischen Arbeit in der Welt der Dinge zufriedengeben wollte, für den öffnete die Romantik wieder eine Tür, oder sie setzte, um auf Bob Dylan zurückzukommen, ihre »Never Ending Tour« fort.

Ist Bob Dylan (*1941) also ein Romantiker? Sein Lebensweg spricht dafür. Darin vollzieht sich jene von Novalis vorgezeichnete unabschließbare Bewegung als »das Einzig mögliche Absolute, was uns gegeben werden kann«. Auch Dylan hat offenbar durch kein Handeln das erreicht, was er suchte, denn er nahm keines seiner Selbstverständnisse dauerhaft an: Nach Anfängen im Bereich des sozialkritischen Folk wechselte er zum Entsetzen vieler Anhänger zur Rockmusik. Als daraufhin an seinem Wohnort das bis dahin größte Rock'n'Roll-Festival stattfand, hatte er Woodstock längst verlassen. Jetzt spielte er, wie Heinrich Detering, einer der besten und wichtigsten Dylan-Kenner feststellt,

unbegreiflich und unerhört, Country Music mit symbolistischen Texten. Sobald aber dieser Rückzug ihn mit einer mythischen Gloriole zu umleuchten drohte, sprang er vom Zug ab und präsentierte sich herausfordernd kommerziell wie Elvis in Las Vegas; eine Pose, die er ebenso schnell wieder aufgab, um die kubistischen Collagen seines Albums *Blood on the Tracks* zu komponieren, von wo aus er alsbald, sekundiert von Sam Shepard und Allen Ginsberg, zur ›Rolling Thunder Tour‹ aufbrach, ein Minstrel der Post-Hippie-Ära mit Federn am Hut, elektrischer Gitarre und einer Bob-Dylan-Maske vor dem Gesicht.[1]

Und so geht es weiter bis ins Spätwerk. Dylan folgt einem Verlangen nach Reinheit, das Detering wiederholt als ›romantisch‹ bezeichnet. Alle Ankünfte, seien es solche in der Politik, in der Religion oder in der Liebe, und seien sie auch noch so ernst und inbrünstig vollzogen, bleiben vorläufig.

Das Prinzip dahinter hat Dylan auf verschiedene Formeln gebracht wie: »when asked to give your real name never give it«[2]. Er hat es musikalisch ausgelebt, indem er seine fertigen Songs immer wieder veränderte, in Konzerten mitunter stark verfremdete und überhaupt beständig improvisierte. So blieb die ästhetische Bewegung das einzige Kontinuum. »I believe the songs«, kann Dylan sagen, während alle Setzungen und Bekenntnisse innerhalb der Songs vorläufig bleiben. Damit gehört er zu jenen Romantikern

9. Verjüngungen

mit starkem Ironie-Anteil in der Lebensgeschichte. Den Wechsel von Selbstsetzung und Selbstvernichtung, wie ihn Friedrich Schlegel skizziert hatte, vollzog er mit allem Einsatz und nicht immer unter Wahrung seiner Gesundheit.

Das Wechsel-Prinzip wird nicht nur lebensgeschichtlich vollzogen, sondern auch in Songs verkündet. Dies geschieht erstaunlich früh schon in dem 1964 veröffentlichten Song »My Back Pages«. Zu dieser Zeit läuft Dylans Karriere erst einige Jahre, aber er ist schon berühmt und wird in der Folk-Bewegung schwärmerisch verehrt. »Blowin in the Wind« ist eine Hymne und wird an Lagerfeuern gesungen. Politisch engagierte Dylan sich in der amerikanischen Bürgerrechtsbewegung. Er spielte auf jener riesigen, »Marsch auf Washington« genannten Demonstration, auf der Martin Luther King seine Rede »I Have a Dream« hält. Unmittelbar darauf folgt der Austritt aus jener Bewegung, die ihn getragen hat und die er nun verspottet, nicht wegen ihrer Ziele, sondern wegen ihres Wahrheits-Rigorismus. Er erklärt sein altes, vollständig politisiertes Ich – und dadurch wird der Song ironisch – zur komischen Figur:

> Crimson flames tied through my ears
> Rollin' high and mighty traps
> Pounced with fire on flaming roads
> Using ideas as my maps
> »We'll meet on edges, soon,« said I
> Proud 'neath heated brow
> Ah, but I was so much older then
> I'm younger than that now[3]

Wer diesen Song hören möchte: Es gibt eine viel spätere Aufnahme aus dem Jahr 1992, in der Bob Dylan, Roger McGuinn, Tom Petty, Neil Young, Eric Clapton und George Harrison ihn gemeinsam auf der Bühne strophenweise inszenieren. Dieser Auftritt beeindruckt nicht nur als freundschaftliches Gipfeltreffen, sondern bildet auch die in Dylans Werk angelegte Vielstimmigkeit ab. »Purpurne Flammen schlugen mir aus den Ohren«, der politische Kämpfer erscheint als komischer Prophet. Politische Begriffe werden religiös aufgeladen, die Prediger verkünden Gleichheit, und das Ich spricht es ihnen nach: »›Equality‹, I spoke the word / As if a wedding vow«.[4] Man befindet sich in einer Entscheidungsschlacht, verwechselt konkrete rechtliche Verbesserungen, für die es sich zu kämpfen lohnt, mit Phantasien von Erlösung. Zwar streitet man für mehr Freiheit, folgt dabei aber den Stimmen von Autoritäten, von toten Predigern und selbsternannten Professoren, die die Welt mit ihren Deutungsmustern überziehen. Dagegen steht der Refrain mit seinem rhetorischen Paradox: »Ah, but I was so much older then / I'm younger than that now«.[5] Jünger und lebendiger, weil man die Festlegungen losgeworden ist und nicht mehr besinnungslos im Recht ist. Wer Sicherheit verliert, gewinnt Lebendigkeit.

Der Song »My Back Pages« blickt 1964 aber nicht nur zurück, sondern stellt auch die Ankündigung eines noch spektakuläreren Verrats dar. Denn 1965 trat Dylan auf dem Newport Folk Festival mit elektrischer Gitarre und in Begleitung einer ebenfalls elektrisch lärmenden Band auf. Hinzu kam ein Kostümwechsel: Toupiertes Haar, eine dunkle Brille und ein poppig gepunkteter Blouson verwirrten die Folk-Jünger. Dylans gellender Gesang hallte in ihren Ohren: »It's All Over Now, Baby Blue«. Dieser neue Song schien die Wahrheit über den Sänger selbst zu sagen. Aber der war nicht am Ende, sondern hatte gerade erst angefangen: »Dylan verließ die Woge, die ihn einige Jahre lang so zuverlässig nach oben getragen hatte, mit einem Kopfsprung ins Unbekannte. Er verlor seine Anhänger nicht nur, er stieß sie von sich. Der Herold, dem das Banner in die Hand gedrückt worden war, warf es fort, rücksichtslos gegenüber allen Beteiligten einschließlich seiner selbst.«[6]

Dylan erscheint so als sich selbst immer wieder negierender Romantiker, auch wenn in seinem Fall nicht leicht zu sagen ist, wie er romantisches Gedankengut aufnahm. Wichtig ist der Einfluss der amerikanischen Beat Poets um Allen Ginsberg (1926–1997), die wiederum die englische Romantik sehr gut kannten und bewunderten. In einer der wichtigsten Studien, »Dylans Visions of Sin«, stellt Christopher Ricks einen Zusammenhang mit den englischen Romantikern her, mit Wordsworth, aber vor allem mit John Keats.[7] Aber das Nachzeichnen direkter Einflüsse ist für die zweite Hälfte des 20. Jahrhunderts, als die Romantik als kulturelles Modell griffbereit in der Luft liegt, weniger wichtig. Dylan ist ein Singer und Songwriter, der sein Denken flüssig hält, der nicht jedes Phänomen sofort verstehen und einordnen muss. Novalis hat das romantische Denken so bestimmt:

Wo ächter Hang zum Nachdenken, nicht bloß zum Denken dieses oder jenes Gedankens, herrschend ist, da ist auch Progreßivität. Sehr viele Gelehrte besitzen diesen Hang nicht. Sie haben schließen und folgern gelernt, wie ein Schuster das Schuhmachen, ohne je auf den Einfall zu gerathen, oder sich zu bemühen, den Grund der Gedanken zu finden. Dennoch liegt das Heil auf keinem andern Wege. Bey vielen

9. Verjüngungen

währt dieser Hang nur eine Zeitlang. Er wächst und nimmt ab, sehr oft mit den Jahren, oft mit dem Fund eines Systems, das sie nur suchten, um der Mühe des Nachdenkens ferner überhoben zu seyn.[8]

Dass die Progressivität auch in Dylans Fall von religiösen Energien gespeist wird, führt das genannte Konzert im Madison Square Garden vor, denn auf »My Back Pages« folgt, gesungen von allen Mitwirkenden: »Knockin' on Heaven's Door«.

In der deutschsprachigen Kultur setzt ein neuer freier Umgang mit der Romantik in den 1970er-Jahren ein. Auch hier bildet die langsame Abwendung von den politischen Ideologien wie überhaupt von den großen Fortschrittserzählungen den Hintergrund. Die Romantik bot in dieser Situation die Möglichkeit, den Blick über die Gegenwart mit ihren rationalen Prozeduren hinaus offen und weit zu halten. Die Autoren, die sich romantischen Vorstellungen öffnen, unterliegen aber auch vielfältigen anderen Einflüssen, so dass das Romantische in neue Mischungsverhältnisse gerät. Dies gilt zum Beispiel für die Lyrik Rolf Dieter Brinkmanns (1940–1975). Seine Gedichte zählt man zur Richtung der ›Alltagslyrik‹ oder ›Neuen Subjektivität‹. Sie war grundsätzlich realistisch orientiert und nahm die gesellschaftlichen, technischen und medialen Bedingungen ihrer Zeit offensiv an. In Brinkmanns Fall kommt eine starke Beeinflussung durch die amerikanische Populärkultur und die Literatur jener Beat Poets hinzu, die auch für Dylan wichtig waren. Seine Gedichte, so erklärte Brinkmann, sollten einfach wie Songs sein.[9] Gegenstände, die bis dahin nicht als literaturfähig galten, erhob er zu lyrischen Objekten, eine »übergroße Photographie von Liz Taylor«[10] etwa oder eine Orangensaftmaschine in einer Bar, die mit einem wertvollen Moment verbunden ist.

Aber dabei bleibt es nicht, denn der romantische Impuls weist über die Welt der Dinge hinaus. Ein typischer Gedichttitel lautet daher: »Mondlicht in einem Baugerüst«. Brinkmann besaß eine energische Gegenwartsorientierung, aber er blickte auch weit zurück und erinnert sich im italienischen Olevano an Ludwig Tieck, der ein Gedicht auf diesen Ort geschrieben hatte: »Vielleicht hast du // dort gesessen, Ludwig Tieck«.[11]

Ein Gedicht mit dem programmatischen Titel »Gedicht« führt vor Augen, wie die Romantik Brinkmann einen Ausweg aus einer tristen Wirklichkeit wies.[12] Ein Reisender erreicht eine Stadt: »Zerstörte Landschaft mit / Konservendosen, die Hauseingänge / leer, was ist darin? Hier kam ich // mit dem Zug nachmittags an, / zwei

Töpfe an der Reisetasche / festgebunden«[13]. Gezeichnet wird eine hässliche urbane Umgebung, die keine Resonanz im Sprecher erzeugt. Es sind die lieblos wieder aufgebauten westdeutschen Städte, in denen Brinkmanns Gedichte spielen. Sein Ich ist desillusioniert, »aus // den Träumen raus«, wie es weiter heißt, besitzt keinen Lebenssinn, sondern nur ein Mangelgefühl. Deshalb kann es nicht bleiben, sondern muss mit seinen Töpfen an der Reisetasche weiterziehen, angetrieben von der nicht konkretisierbaren, aber hartnäckigen Vorstellung eines möglichen anderen Zustands: »Wer hat gesagt, daß sowas Leben / ist? Ich gehe in ein / anderes Blau«[14]. Jenes alte Blau, das Novalis mit seiner ›blauen Blume‹ im »Heinrich von Ofterdingen« ins Spiel gebracht hatte, muss wieder herhalten und aufleuchten, damit das Leben nicht einfach nur abläuft und die Welt der Dinge nicht zum Gefängnis gerät.

In der historischen Romantik wollte man, wie gesehen, auf prinzipiell alle Lebensbereiche zugreifen, unter anderem auch auf die Wissenschaft. Ihre Ergebnisse sollten über Expertenkreise hinaus aussagekräftig werden und für viele Menschen Bedeutung gewinnen. Ein Autor, der diese Linie fortführt, ist Hans Magnus Enzensberger (*1929). Das Interesse an der Romantik ist bei ihm schon früh auszumachen, denn er hat seine Doktorarbeit über Clemens Brentano geschrieben, über jenen Romantiker also, dem seine Partnerin Sophie Mereau »stetes Sehnen nach dem entfernten«[15] attestierte. Mit Brentano teilt Enzensberger einen starken Freiheitswunsch, der an keiner Lebensstation dauerhaft Halt machen konnte. In seinem Fall ist er auf eine prägende historisch-biographische Erfahrung zurückzuführen, denn Enzensberger hat als Kind unter den Zwangsmaßnahmen im Nationalsozialismus gelitten und das Kriegsende als Jugendlicher geradezu rauschhaft genossen. In seinen autobiographischen Aufzeichnungen »Eine Handvoll Anekdoten« ist dieses Freiheitsglück spürbar: Die überall präsenten Symbole der Macht und die verhassten Rituale der Hitler-Jugend verschwanden, und mit ihnen die Angst. Nun konnte man Englisch lernen, als Schwarzhändler tätig werden und auf ausgedehnten Reisen die Weltgegenden kennenlernen. Allerdings teilte Enzensberger auch den romantischen Wunsch, irgendwo anzukommen und einen Zusammenhang zu finden. Dieser überkam ihn in den späten 1960er-Jahren, als er sich der Studentenbewegung und ihren Protesten annäherte. In seiner Zeitschrift »Kursbuch« ließ er Revolutionsideen zu Wort kommen und studierte auf Kuba persönlich eine sinnenfreudige Variante des Kommunismus.

9. Verjüngungen

Aber er verließ Kuba bald wieder und sagte auch politischen Bekenntnissen ab. Dies geschah unter Berufung auf jenes romantische Prinzip der unabschließbaren Bewegung, das Enzensberger aus der Wissenschaft neu herleitete. Konkret bezieht sich der mathematisch und logisch versierte Autor auf die Unvollständigkeitssätze, die der Mathematiker Kurt Gödel (1906–1978) 1931 veröffentlicht hatte. In seinem Gedicht »Hommage à Gödel« führt Enzensberger sie so aus:

›In jedem genügend reichhaltigen System
lassen sich Sätze formulieren,
die innerhalb des Systems
weder beweis- noch widerlegbar sind,
es sei denn das System
wäre selber inkonsistent.‹[16]

Als Erläuterung folgt:

Du kannst deine eigene Sprache
in deiner eigenen Sprache beschreiben:
aber nicht ganz.
Du kannst dein eignes Gehirn
mit deinem eignen Gehirn erforschen:
aber nicht ganz
Usw.

Und daraus als Schlussfolgerung:

Widerspruchsfreiheit
ist eine Mangelerscheinung
oder ein Widerspruch.

Es gibt kein System, das die Welt im Ganzen erfassen kann, ein letzter Grund, auf dem sich alle Fragen und Zweifel erledigen, ist nicht zugänglich, das Unbedingte, das keinen Widerspruch mehr kennt, existiert für uns nicht. Diese Erkenntnisse der transzendentalphilosophisch geschulten alten Romantiker werden in der Logik des 20. Jahrhunderts bestätigt und mit neuer Evidenz formuliert. Daher kann Enzensberger auf sie zugreifen, um politischen, weltanschaulichen oder wissenschaftlichen Systemen abzusagen und sich dem Widerspruchsgeist zu verpflichten. Hier werden mathematisch-logische Erkenntnisse übersetzt und übertragen oder: romantisiert.

Allerdings richtet sich der Widerspruchsgeist nicht nur gegen die Revolutionäre mit ihren Durchgriffsphantasien, sondern auch gegen die liberale Ordnung, der sich Enzensberger seit den 1970er-Jahren annäherte. »Jedes denkbare System« kann transzendiert und zerstört werden. Die logisch erneuerte Romantik bleibt der Stachel im Fleisch der Zufriedenheit und des Stillstands, des individuellen und des gesellschaftlichen. Wenn manche Kritiker Enzensberger Unzuverlässigkeit oder Beliebigkeit vorwerfen, dann könnte es sich daher um ein Missverständnis handeln. Anders betrachtet wird er von einem Freiheitswillen und einem existentiellen Mangelgefühl angetrieben. In einem seiner späten Gedichte bekennt er sich noch einmal zu den Grenzen des Wissens und zur Ahnung dahinterliegender Regionen: »Hinter der Nebelwand im Gehirn / gibt es noch andere Gegenden, / die blauer sind, als du denkst«[17].

In der englischen Lyrik hat sich die Romantik als besonders produktiv erwiesen, Wordsworth oder Barrett-Browning wurden mit Gedichtbeispielen vorgestellt. Eine gedanklich interessante und existentiell eindrucksvolle Aktualisierung der romantischen Grundspannung findet sich im Werk von John Burnside (*1955). Einem großen Publikum ist er mit seiner autobiographischen Prosa bekannt geworden, in der er von Lebensphasen voller Sucht, Krankheit und Gewalt berichtet. In seinen Gedichten wird ein oft harter Alltag in klaren Konturen dargestellt.[18] Aber mitten im gewöhnlichen Leben stellt sich plötzlich und kurzzeitig das Gefühl ein, auf einem »holy ground« zu stehen. Es gibt die Dinge, und es gibt die Ahnung einer Welt hinter oder über ihnen, und für diese romantische Spannung findet Burnside immer neue Formulierungen wie »a life beneath the life«[19]. Gesucht wird nach einer »heimlichen Tür / zu dem, was jenseits strömt«[20]. Der Romantiker befindet sich im Dazwischen. »Hier zu leben bedeutet auf Boten zu warten«[21], auch wenn man Engel nie »face to face«[22] sieht, auch wenn man nicht einmal weiß, ob man zu einem Gott oder »zur Wucht einer Abwesenheit betet«. Aber wegen des existentiellen Mangels ist man unterwegs und kommt vom Gefühl eines »old / belonging«[23] nicht los.

Eindrucksvoll wird es besonders dann, wenn Burnside die Stärken der englischen Romantik fortsetzt und die höhere Welt unmittelbar aus der Realität hervorgehen lässt und beide verbunden hält. Dies geschieht zum Beispiel im Gedicht »Old Man Swimming«, in dem sich der Sprecher an ein regelmäßiges Schwimmtraining als

9. Verjüngungen

Zwanzigjähriger erinnert. Damals schwamm er früh morgens 50 Bahnen im »lichtdurchfluteten Freibad im Parker's Piece«[24]. Mit ihm zusammen befand sich nur ein weiterer Schwimmer im Bad. Dieser, ein älterer Mann, dessen Aussehen genau beschrieben wird, »with a gold to his skin«, besaß einen ausgezeichneten Schwimmstil, »voller Anmut, von den Jahren / erleuchtet, die er bisher bewältigt hatte«[25]. So wollte der Sprecher später auch einmal wirken können, aber dazu hat es nie gereicht. Wenn er jetzt am Freibad einer anderen Stadt vorbeiläuft, sieht er über eine blaugraue Parklandschaft hinweg, wo der andere Schwimmer immer noch seine Bahnen zieht. Dieser andere aber, so wird nun deutlich, ist die Idealvorstellung, die er von sich selbst hat, »the better self I meant to be«. Mit diesem anderen Ich wurde er nie deckungsgleich, hat es aber auch nie vergessen. Die Vorstellung eines besseren Selbst gehört zum Kernbestand der Romantik. Unter anderem verwendete Novalis sie in seiner Bestimmung des Romantisierens: »Das niedre Selbst wird mit einem bessern Selbst in dieser Operation identificirt.«[26]

Auch an einer anderen Stelle aktualisiert Burnside das Subjektkonzept der Frühromantik, wenn er berichtet, wie er mit seinem Sohn ein Spiegelkabinett besucht. Friedrich Schlegel hatte im 116. »Athenäums«-Fragment geschrieben, dass die romantische Poesie die »Reflexion immer wieder potenzieren und wie in einer endlosen Reihe von Spiegeln vervielfachen« könne.[27] Denn die Reflexion gelangt an kein Ziel, sondern bringt immer neue Bilder hervor, gelangt nie zu einer Setzung von Identität, zu einem ›So ist es‹. Solche aus der Transzendentalphilosophie hervorgegangenen Überlegungen verlebendigt ein Autor wie Burnside, der im Spiegelkabinett darüber nachdenkt, wie sein Sohn ihn wohl ansieht: »wie mein Leben das nicht ist, was er / für Glück hält«[28]. Immer wieder muss man sich spalten und Rollen spielen. Manche Anteile der eigenen Person kommen nur vorübergehend zum Vorschein, dann wieder sieht man sich selbst wie in einem Alptraum zu. Auch wer weiß, was richtig ist, kann es nicht umsetzen und schafft es nicht einmal, den eigenen Sohn zu schützen. Wenn man zum Finale gelangt, dann »verwaist, weit entfernt von zu Hause«[29].

Zur Gruppe jener Autoren, die seit den 1970er-Jahren und nach dem »Abschied vom Prinzipiellen«[30] die Romantik wiederentdeckten, gehört auch Peter Handke (*1942).[31] Ihn hätte man sicher als einen der wichtigsten Neo-Romantiker bezeichnet, wenn nicht zuletzt politische Debatten sein Werk überlagert hätten. Denn

Handke hatte während der Jugoslawien-Kriege in den 1990er-Jahren und danach Stellung für die serbische Seite bezogen und dabei Kriegsverbrechen zumindest relativiert, wenn nicht geleugnet. Gerade weil die Auseinandersetzung mit seinen politischen Positionen wichtig ist, sollte man seine leitenden Ideen in den Blick nehmen. Handkes Gesamtwerk ist von klar erkennbaren Verfahren bestimmt, die sich als Fortführung der ›Romantisierung‹ fassen lassen. In der Erzählung »Die Lehre der Sainte-Victoire« (1980) treten sie exemplarisch hervor. Ein Ich-Erzähler schildert mehrere Wanderungen in Südfrankreich, in der Provence, seine Naturbeobachtungen und die daraus hervorgehenden Empfindungen. Besonders interessiert er sich für den Gebirgszug Montagne Sainte-Victoire, den Paul Cézanne (1839–1906) in zahlreichen Skizzen, Aquarellen und Ölgemälden dargestellt hat.

Abb. 9: Paul Cézanne, Mont Sainte-Victoire, 1904

In der Erzählung werden Cézannes Werke, und Kunsthistoriker würden dem zustimmen, so gedeutet, dass sie eine Verbindung des Alltäglichen und des Besonderen darstellen:

9. Verjüngungen

Was zählte, war immer der besondere Gegenstand. Farben und Formen, ohne Gegenstand, waren zu wenig – die Gegenstände in ihrer Tagvertrautheit zu viel. – ›Besonderer Gegenstand‹ ist noch nicht das richtige Wort; denn geltend waren gerade die Normalsachen, die aber der Maler in den Schein des Besonderen gestellt hatte – und die ich jetzt kurz die ›magischen‹ nennen kann.[32]

Nicht nur ähneln solche Passagen der Bestimmung des ›Romantisierens‹ von Novalis erheblich; auch das Ziel der alten Romantiker, den »ursprünglichen Sinn« wiederzufinden, verfolgt Handke.

Er ist nicht religiös gebunden, aber angetrieben von einem Verlangen nach höherem Sinn. Im Vorgängerband der »Lehre der Sainte-Victoire«, in »Langsame Heimkehr«, spürt der Erzähler ein »auf die Augenlider drückendes Bedürfnis nach Heil«[33]. Daher sind Handkes Figuren oft Reisende, Wanderer und Suchende, die ihre Umwelt genau studieren, um in der Vielfalt der Phänomene Formen zu erkennen. Diese Formen sollen dann Ausdruck höherer Gesetze sein. So interessiert sich der Ich-Erzähler der »Lehre« für eine spezielle Stelle im Gebirgsmassiv, eine Bruchstelle, die er von Cézannes Bildern kennt und in der Wirklichkeit sucht und wiederfindet. Sie heißt »Pas de l'Escalette«, und als der Betrachter sie aus der Ferne betrachtet, heißt es:

Etwas verlangsamte sich. Je länger ich meinen Ausschnitt sah, desto sicherer wurde ich – einer Lösung? einer Erkenntnis? einer Entdeckung? eines Schlusses? einer Endgültigkeit? Allmählich stand die Bruchstelle auf dem fernen Kamm in mir und wurde wirksam als *Drehpunkt*.
Zuerst war das die Todesangst – als würde ich selber gerade zwischen den beiden Gesteinsschichten zerdrückt –; dann war es, wenn je bei mir, *die Offenheit*: wenn je *der Eine Atem* (und konnte auch schon wieder vergessen werden). – Das Himmelsblau über der Hügelkuppe wurde *warm*, und der rote Mergelsand an dem Brachteil wurde *heiß*. Daneben auf dem Waldteil dichtauf die Pinienkörper im vielfältigsten aller Grün, die dunklen Schattenbahnen zwischen den Ästen als die Fensterreihen einer weltweiten Hangsiedlung; und jeder Baum des Waldes jetzt einzeln sichtbar, stehend sich drehend, als *ewiger Kreisel*; mit dem auch der ganze Wald (und die große Siedlung) sich drehte und dastand. – Dahinter der bewährte Umriß der Sainte-Victoire, und davor D. in ihren Farben, als beruhigende Menschenform (ich sah sie momentlang als »Amsel«).[34]

»D.« ist seine Begleiterin auf dieser Wanderung, die den Moment dieses »Triumphs« miterlebt, in dem die Todesangst überwunden und ein Vorgefühl von Ewigkeit spürbar wird. Dass Handke ursprünglich christliches Vokabular in verfremdeter Form weiterverwendet, liegt auf der Hand. Seine Romantik folgt also Ideen, die um 1800 entwickelt wurden, ohne dass er sich direkt auf diese Zeit beziehen würde. Er kennt, wie er in einem Gespräch erläutert hat, Eichendorff sehr gut, und er beruft sich auf die Gattungsmischungen dieser Zeit, denen er mit seiner lyrischen Prosa folge.[35] Aber an Eichendorffs Schreibweise konnte er im späten 20. Jahrhundert nicht mehr anknüpfen, während Cézannes um 1900 entstandene Bilder für Handke ganz gegenwärtig sind, so dass sein persönliches ›Romantisieren‹ sich über Cézanne entwickelt. Handke zitiert ihn mit der Äußerung, nicht nach der Natur zu malen, sondern »Konstruktionen und Harmonien parallel zur Natur«[36] zu entwerfen. In diesem ästhetischen Modus zwischen Realismus und Abstraktion arbeitet auch Handke. Auch er fahndet, protokolliert und erfindet, um Ideen handfest machen zu können. Das Höhere erschließt sich immer nur momentweise, entzieht sich wieder, und dann erfolgt ein neuer Anlauf. Handke ist zwar kein Ironiker, auch geht seiner Literatur das gewollt Komische ab, aber er bleibt ein Suchender.

Sein anfangs genannter politischer Sündenfall ließe sich womöglich so erklären, dass er hier auch zum politischen Romantiker ohne Erkenntnisvorbehalt wurde. So konnte er eine real existierende Ordnung, in diesem Fall das alte Jugoslawien oder das neue Serbien, ohne jeden Vorbehalt zu einer idealen Ordnung verklären. Diese grenzte er, auch darin der politischen Romantik verpflichtet, scharf vom westlichen Modell eines Staates ab, der auf Grund- und Freiheitsrechten beruht. Dass sich in dieser bewusst anti-individualistischen Serbien-Verehrung die politische Seite von Handkes Romantik äußere, dass Serbien sein Verlangen nach einer zentrierten Ordnung befriedigen sollte, ist eine Vermutung, der noch weiter nachzugehen ist.[37]

Eine der schönsten Charakterisierungen des romantischen Bewusstseins, »daß wir uns zugleich endlich und unendlich fühlen«, stammt von Friedrich Schlegel.[38] Ein solches Lebensgefühl – einerseits fest verwurzelt und in biologische und gesellschaftliche Prozesse eingebunden zu sein, andererseits über die damit gesetzten Grenzen hinausreichen zu wollen – ist auch für jene Generation interessant, die nach 1989 zu veröffentlichen beginnt. In der Situation einer weiter gewachsenen weltanschaulichen Offenheit und der Vervielfältigung von Lebensformen, Praktiken und Perspektiven liegt es am Einzelnen, sich auf die Sinnsuche zu begeben.

9. Verjüngungen

Romantische Lebensreisen lassen sich auch gegenwärtig handfest und ohne Absonderlichkeiten darstellen. Bewiesen hat es Wolfgang Herrndorf, der 1965 geboren wurde und sich 2013 im Endstadium einer schweren Erkrankung das Leben nahm. Zeugnis seiner letzten Lebensphase ist das unbedingt lesenswerte Blog-Tagebuch »Arbeit und Struktur«, das sich schonungslos, soweit es nur möglich ist, dem Tod annähert. Gerade auf der Kippe zum Tod zeugt es von Freiheit und einer großen Liebe zu den Dingen. Erste Spuren einer Aneignung des Romantischen finden sich in Herrndorfs Malerei, denn er studierte zunächst an der Kunstakademie in Nürnberg und setzte sich intensiv mit bildlichen Traditionen auseinander. Dazu gehörten Motive und Perspektiven Caspar David Friedrichs, die Herrndorf in eigenen Bildern aufgriff, verfremdete oder ironisierte.

Entschieden erfolgt der Zugriff auf das Romantische dann in der Literatur, wo er es mit anderen Einflüssen und nur ihm eigenen Verfahren kombiniert, so dass sich ein ganz neues Mischungsverhältnis ergibt. Zu beobachten ist dies in der Erzählung »Diesseits des Van-Allen-Gürtels« aus dem gleichnamigen Erzählband.[39] Im Mittelpunkt steht ein in verschiedener Hinsicht desorientierter Ich-Erzähler, der sozial antriebslos daherkommt, sich in eine leer stehende Nachbarwohnung begibt, abgebrochene Telefonate mit seiner angeblichen Freundin führt und schließlich mit einem Jungen aus der Nachbarschaft auf dem Balkon Alkohol trinkt. Da es inzwischen Abend geworden ist, spekulieren die beiden über das Weltall. Als der Junge gegangen ist, erlebt dieser Mensch, der nie »herausfinden« konnte, was er »eigentlich wollte«[40], einen Moment der Übereinstimmung mit der Außenwelt und sich selbst. Er schiebt sein Bett an ein großes geöffnetes Fenster und sieht von dort in Nacht hinaus:

Der Mond hatte sich über das Vorderhaus geschwungen und schien jetzt direkt auf meine angewinkelten Beine, deren Schatten zusammen mit den Schatten, die das weiße Laken warf, der Marmorierung des Mondes rührend ähnlich sahen. Ich wusste, dass ich nicht würde einschlafen können. Mehrere Stunden lang lag ich wach und unbeweglich unter dem wandernden Licht und spürte ein Gefühl, das ich so noch nicht kannte, das sonderbare Gefühl, als wäre ich auf einmal sehr bestimmt und klar umrissen und deutlicher von meiner Umgebung verschieden als sonst, als bei Tag.[41]

Das erste Signal setzt das Mondlicht, das im kulturellen Bewusstsein mit einer Situation des Zu-sich-Selbst-Kommens und mit dem Nachdenken über das Große und Ganze verbunden ist. Spezifisch romantisch wird die Situation durch das Gefühl von Einheit und Ganzheit: als sei der Körper nun genau in die Form gebracht, »die die Natur ursprünglich für ihn vorgesehen hatte, ein unendliches Glücksgefühl«. Bekannt aus der Romantik ist auch die Strategie, solche Wahrheitsbehauptungen in den Konjunktiv zu setzen, »als wäre ich auf einmal« zu sagen, so wie Eichendorff »es war als hätt' der Himmel« sagte.

Aber es kommt auch zu Veränderungen in dieser Gegenwartsromantik, zum einen durch die Fragwürdigkeit des Erzählers, dessen Beschreibungen abhängig von seiner eigenwilligen Psyche, der Hitze der Sommernacht und dem Alkoholgenuss sind. Interessanter noch, auch im Blick auf den Roman »Tschick«, ist die Vorsicht im Blick auf eine mögliche Transzendenz. Die religiösen Energien der alten Romantik sind noch zu spüren, aber sie fließen schwächer oder noch mehr ins Unbestimmte, wenn der Ich-Erzähler im Mondlicht von einem »sonderbar unverständlichen Universum wie diesem« spricht.

Der Roman »Tschick« erzählt von der Reise zweier Jugendlicher, Maik und Tschick, die mit einem gestohlenen Lada in Berlin aufbrechen. Als Ziel ihrer Unternehmung legen sie zunächst die Walachei fest, begnügen sich schließlich aber damit, ohne weiteren Plan durch Brandenburg zu fahren. Während der Fahrt kommt es zu einer Intensivierung ihrer Wahrnehmung. In einer Szene lassen beide ihren Arm aus dem Fenster hängen, legen den Kopf darauf und fahren durch den Sonnenaufgang zwischen Wiesen und Feldern eine Anhöhe hinauf. Was daran so schön und seltsam war, kann Maik nur schwer in Worte fassen, denn eigentlich wird nur die bekannte Welt anders betrachtet: »Es war, als ob der Lada alleine durch die Felder fuhr«, und »alles war größer, die Farben satter, die Geräusche Dolby Surround«.[42] Diese Strategie, eine automatisierte Sinnlichkeit wieder neu zu erwecken, verfolgt Herrndorf konsequent, und die Leser sollen die Veränderung der Aufmerksamkeit mitvollziehen: »Minutenlang schauten wir einfach nur.«[43]

Einfach nur zu schauen, das heißt auch, nicht zu sprechen. Von den Schwierigkeiten, mit der Sprache dem Unbedingten näher zu kommen, wissen alle Romantiker, und für einen 14-jährigen Ich-Erzähler verschärfen sich die Probleme. In gleichzeitig anrührender und komischer Form treten sie in jener Szene des

9. Verjüngungen

Romans hervor, in der sich die beiden Jungen mit der Unendlichkeit beschäftigen. Dies geschieht in der alten Form des Blicks in den Sternenhimmel.[44] Sie liegen in ihren Schlafsäcken auf einer Wiese, rundherum wird alles still: »Die Sterne über uns wurden immer mehr. Wir lagen auf dem Rücken, und zwischen den kleinen Sternen tauchten kleinere auf und zwischen den kleineren noch kleinere, und das Schwarz sackte immer weiter weg. ›Das ist Wahnsinn‹, sagte Tschick.«[45] Die Vokabel »Wahnsinn« wird im folgenden Dialog mehrmals wiederholt, wenn die beiden über ihnen bekannte Filme und über die Vorstellung, dass Rieseninsekten auf anderen Planeten leben könnten, philosophieren und dabei an die Grenzen der Erkenntnis stoßen. Die Frage, ob noch etwas außerhalb der uns bekannten Welt existiere, wird gestellt und offengelassen: »Ich weiß nicht«. Durch das Schauen und Nachdenken gelangen sie wieder in den Zustand besonderer Intensität, den gerade die Jugendsprache abseits bekannter Formeln neu fassen kann: »Mich reißt's gerade voll.«[46] Über den Ich-Erzähler meldet sich hier auch der Autor zu Wort, indem er Maik etwas Altersuntypisches sagen lässt: »Ich schaute in die Sterne mit ihrer unbegreiflichen Unendlichkeit.«[47] Diese Formulierung passt nicht zur sonstigen Redeweise und demonstriert, wohin Herrndorf hier will, der dementsprechend auch einiges Pathos mobilisiert: »Und die Grillen zirpten die ganze Nacht.«

Würde man nach Herrndorfs Neuakzentuierung der Romantik fragen, müsste man auf den größeren Wert der Freiheit achten. Schon der Aufbruch der Jungen folgte keiner Zweckrationalität, sie fuhren einfach los, und die Fahrt brachte eine Befreiung von den Zwängen der sozialen Umwelt, den Ein- und Ausschließungsritualen der Mitschüler zum Beispiel. Dass diese Freiheit nicht zur psychischen Abschließung, sondern zur Verstärkung emotionaler Beziehungen führen kann, sagt das Schlussbild des Romans. Um sich dem Zugriff von Polizisten zu entziehen, springen Maik und seine Mutter in einen Pool. Unter Wasser denkt Maik noch einmal an die Reise und den besten Sommer von allen zurück. Er freut sich, unter der Oberfläche gemeinsam mit seiner Mutter Ruhe zu haben, immerhin für einen wertvollen Moment: »Weil, man kann zwar nicht ewig die Luft anhalten. Aber doch ziemlich lange.«[48]

Auch in der deutschsprachigen Popmusik wirkt die Romantik bis heute fort, wenn auch musikalisch und textlich in viel kleinerem Maßstab als beim Giganten Dylan. Ein eigenständiges Modell hat die Band Tocotronic entwickelt. Seit der Mitte der 1990er-

Jahre erscheinen ihre zwischen Punk, Rock und Pop angesiedelten Alben. Immer stärker werfen sie weltanschauliche Festlegungen ab zugunsten einer Haltung des Zweifels, der Offenheit und des Erwartens. Eine erste fast sprichwörtlich gewordene Diagnose stellt der Song »Ich möchte Teil einer Jugendbewegung sein« (1995) dar. Damit öffnet sich ein Spannungsfeld, denn einerseits wünscht sich das Ich, Teil eines größeren generationellen Zusammenhangs zu sein, andererseits existiert dieser nicht. Denn die Alterskohorte des Texters und Sängers Dirk von Lowtzow (*1971) besitzt keine so starken gemeinsamen Erfahrungen, dass daraus Überzeugungen oder ein Habitus hervorgegangen wären. Nach dem Ende der großen weltanschaulichen Erzählungen herangewachsen, existieren keine Leitbegriffe, auf die man sich einigen könnte. Ihr fehlt auch die Emphase, einen Systemwechsel anzustreben, was nicht bedeutet, dass keine politischen Überzeugungen vorhanden wären. Die Band Tocotronic ist dem links-alternativen Milieu zuzurechnen und hat sich zum Beispiel von allen nationalistischen Anwandlungen immer scharf abgegrenzt. Gleichzeitig aber verweigert sie sich den Einengungen und Milieuzuordnungen, die solche Überzeugungen mit sich bringen können. Auch dies geschieht bereits auf dem Debütalbum »Digital ist besser« mit dem Song »Freiburg«, der Ausrufe enthält wie »Ich weiß nicht, wieso ich euch so hasse, Fahrradfahrer dieser Stadt«[49]. Gleichlautende Angriffe richten sich gegen Tanztheater und Backgammonspieler, damit insgesamt gegen das kulturell-entspannte Milieu einer grünen Studentenstadt. Das Ich will nicht Teil jenes sozialen Zusammenhangs sein, in den es eigentlich gehört, sondern findet seine Position im Außerhalb: »Ich bin alleine und ich weiß es und ich find es sogar cool.«[50]

Diese Entscheidung ist gültig geblieben, und aus ihr gehen die fortdauernde Produktivität und Unruhe der Band hervor. Denn sie macht an keinem Standpunkt dauerhaft Halt, wie in einem späteren Song geradezu als Sentenz formuliert wird: »Im Zweifel für den Zweifel« (2010). Die Musik ist nun liedhaft beruhigt und klanglich aufgehellt, Lowtzows Stimme sehr klar. So wird die ironische Selbstüberwindung verkündet: »Im Zweifel für den Zweifel / Das Zaudern und den Zorn / Im Zweifel fürs Zerreißen / Der eigenen Uniform [...] Im Zweifel für Ziellosigkeit / Ihr Menschen, hört mich rufen! / Im Zweifel für Zerwürfnisse / Und für die Zwischenstufen«[51]. Dieser neo-romantische Prediger verwirft jede Fixierung, will auch die »eigene Uniform«, die womöglich eine gute ist, immer wieder ablegen. Sein Bewusstsein ist für die Zerbrechlichkeit alles Festen geschult. Dies geschieht im Namen einer Wahrheit, die irgendwo da draußen existieren muss, die sich aber nicht erfassen lässt, auf die man nur den Blick freihalten kann.

Dazu passend heißt das Album aus dem Jahr 2018 »Die Unendlichkeit«. Es erzählt in Form von Episoden und besonderen Momenten eine Lebensgeschichte, die eines Singers und Songwriters. Musikalisch ist es außerordentlich abwechslungsreich, denn viele Songs integrieren den Sound der Zeit, von der sie erzählen, so dass Gegenwart und Vergangenheit verwoben sind. So erscheint im Song »Electric Guitar« die Jugend mit allen ihren peinigenden Erfahrungen wieder, den Pickeln, der Trostlosigkeit von Bushaltestellen, dem Unverstandensein in der Familie: »manic depression im Reihenhaus«. Aber es gibt einen Trost, und das ist die E-Gitarre, die im Song als Du angeredet wird. Wer im Keller üben und Musik machen darf, ist bei sich: »In meinem Zimmer / Unter dem Garten / Fühl ich mich sicher / Ich kann's euch verraten / Ich schnalle dich um / Nehme dich in die Hände / Und schicke den Sound / Zwischen die Wände.«[52] In der Musik, nicht in der Wirklichkeit wird die erste Liebeserfahrung gemacht, denn die Gitarre zieht dem Sänger vor dem Spiegel den Pulli aus. Die eine Hälfte des Lebens ist ein »Tagtraum im Regen und Apfelkorn / An der Bushaltestelle lungern wir rum«, die andere Hälfte aber der Selbstausdruck in der Kunst. Hier tritt über 200 Jahre nach seiner Erfindung der Typus des romantischen Sängers wieder auf. Er besitzt keine fest formulierbaren Wahrheiten und versucht immer neu in der Kunst sich zu fassen. Man kennt nichts Unbedingtes, aber man fragt danach und bringt die Suche zum Ausdruck. So produktiv ist die romantische Freisetzung aus alten Sicherheiten, die gleichzeitig ein neues, nur geahntes Ziel in den Blick nimmt. Darüber muss geredet, und davon muss gesungen werden: »Ich erzähle dir alles, und alles ist wahr, Electric Guitar«[53].

Anmerkungen

Einleitung

[1] Romantik, in: Duden-Online (URL: https://www.duden.de/recht schreibung/Romantik, zuletzt abgerufen am 29.5.2020).
[2] romantisch, in: Duden-Online (URL: https://www.duden.de/recht schreibung/romantisch, zuletzt abgerufen am 29.5.2020).
[3] Gustav Seibt: Zauberisch und superporno, Süddeutsche Zeitung, 12. Oktober 2010; Annika Bartsch: Zwei ›Taugenichtse‹ im geklauten Lada. Zur produktiven Romantikrezeption bei Wolfgang Herrndorf, in: Wolfgang Herrndorf lesen. Beiträge zur Didaktik der deutschsprachigen Gegenwartsliteratur, hg. von Jan Standke, Trier 2016, S. 111–130.
[4] Rüdiger Safranski: Romantik. Eine deutsche Affäre, Frankfurt a.M. 2007.
[5] »Dans tout ce Berlin, qui m'a intéressée? Le fameux prince Louis? Non. Quelques-uns des grands seigneurs qui abondent ici? Non: Un professeur, un professeur allemand!«, Madame de Staël an Madame Necker-de Saussure, 1. April 1804, in: Correspondance générale, hg. von Béatrice W. Jasinski, Volume 5, Genève 2009, S. 306f.
[6] Zur Unterscheidung von Epoche und Richtung/Strömung vgl. Michael Titzmann: Epoche, in: Reallexikon der deutschen Literaturwissenschaft, hg. von Klaus Weimar, Harald Fricke und Jan-Dirk Müller, Bd. 1, Berlin 2010, S. 476–480.
[7] Ein Gesamtpanorama der Literatur dieses Zeitalters bietet Gerhard Schulz: Die deutsche Literatur zwischen Französischer Revolution und Restauration. Teil 2: Das Zeitalter der Napoleonischen Kriege und der Restauration 1806–1830, München 1989.
[8] Fürst Bismarcks Briefe an seine Braut und Gattin, hg. vom Fürsten Herbert Bismarck. 7. Auflage, Stuttgart/Berlin 1921, S. 229 (Brief Otto von Bismarcks an Johanna von Bismarck, 17. März 1851).
[9] Zur Diskussion in der Musikwissenschaft vgl. Martin Wehnert: Romantik und romantisch, in: Die Musik in Geschichte und Gegenwart, hg. von Friedrich Blume und Ludwig Finscher, Kassel u.a. 1994–2008, Bd. 7, Sp. 464–507.
[10] Das Jenaer Graduiertenkolleg „Modell Romantik. Variation – Reichweite – Aktualität" untersucht diese Prozesse des Fortwirkens. Vgl. die grundlegende Darstellung von Sandra Kerschbaumer: Immer wieder Ro-

mantik. Modelltheoretische Beschreibungen ihrer Wirkungsgeschichte, Heidelberg 2018.

1. Anfänge: Wohngemeinschaften in Berlin, Jena und Heidelberg

[1] Friedrich Schleiermacher: Kritische Gesamtausgabe, hg. von Hans-Joachim Birkner, Gerhard Ebeling u.a., Berlin u.a. 1980ff., Bd. 5/2, S. 217 (Brief Friedrich Schleiermachers an seine Schwester Charlotte Schleiermacher, 31. Dezember 1797). Vgl. zum Folgenden Theodore Ziolkowski: Vorboten der Moderne. Eine Kulturgeschichte der Frühromantik, Stuttgart 2006, S. 26f.
[2] Friedrich Schlegel: Kritische Ausgabe, hg. von Ernst Behler unter Mitwirkung von Jean-Jacques Anstett, Hans Eichner u.a., Paderborn u.a. 1958ff., Bd. 24, S. 77 (Brief Friedrich Schlegels an Carl Gustav von Brinckmann, Januar 1798). Zitate aus dieser Ausgabe werden stets durch die Sigle KFSA mit Band und Seitenzahl belegt.
[3] Vgl. Friedrich Schleiermacher: Kritische Gesamtausgabe, Bd. 5/2, S. 260 (Brief August Wilhelm Schlegels an Friedrich Schleiermacher, 22. Januar 1798).
[4] Ebd., S. 213 (Brief Friedrich Schleiermachers an seine Schwester Charlotte Schleiermacher, 21. November 1797).
[5] KFSA, Bd. 5, S. 55 (Lucinde).
[6] Ebd., S. 15.
[7] Ebd., S. 12.
[8] Die kulturellen, philosophischen und literarischen Entwicklungen in Jena um 1800 werden anschaulich dargestellt von Peter Neumann: Jena 1800. Die Republik der freien Geister, München 2018.
[9] Eckart Kleßmann: Caroline. Das Leben der Caroline Michaelis-Böhmer-Schlegel-Schelling 1763–1809, München 1975, S. 290.
[10] KFSA, Bd. 25, S. 97 (Brief Dorothea Veits an Friedrich Schleiermacher, 28. April 1800).
[11] Schillers Werke. Nationalausgabe, hg. von Julius Petersen, Lieselotte Blumenthal u.a., Weimar 1948ff., Bd. 29, S. 258 (Brief Friedrich Schillers an Johann Wolfgang Goethe, 23. Juli 1798).
[12] Vgl. zum Romantikertreffen Christiane Klein: Das Jenaer Romantikertreffen im November 1799: Dokumentation und Analyse. Nebst einer kritischen Edition des Epikurisch Glaubensbekentniß von Friedrich Wilhelm Joseph Schelling, Heidelberg 2017.
[13] KFSA, Bd. 25, S. 22 (Brief Dorothea Veits an Friedrich Schleiermacher, 15. November 1799).
[14] Friedrich Wilhelm Joseph Schelling: Epikurisch Glaubensbekenntniss Heinz Widerporstens, in: Schellingiana rariora, hg. von Luigi Pareyson, Turin 1977, S. 86–97, hier: S. 90.
[15] Ebd., S. 92.
[16] Zum Athenäum vgl. Ernst Behler: Athenäum. Die Geschichte einer Zeitschrift, in: Athenäum. Eine Zeitschrift von August Wilhelm Schlegel

Anmerkungen 143

und Friedrich Schlegel. Berlin 1798–1800. Nachdruck Darmstadt 1983, S. 5–64.

[17] Johann Wolfgang Goethe: Sämtliche Werke. Briefe, Tagebücher und Gespräche. 40 Bde., hg. von Friedmar Apel, Hendrik Birus u.a., Frankfurt a.M. 1987–2013. Bd. 31, S. 581 (Brief Johann Wolfgang Goethes an Friedrich Schiller, 25. Juli 1798).

[18] KFSA, Bd. 25, S. 22 (Brief Dorothea Veits an Friedrich Schleiermacher, 15. November 1799).

[19] Ebd., S. 111 (Brief Dorothea Veits an Friedrich Schleiermacher, 15. Mai 1800).

[20] Ludwig Tieck: Ein Brief Ludwig Tiecks aus Jena vom 6. Dezember 1799. Mitgeteilt von Gotthold Klee, in: Euphorion 4 (1897), Ergänzungsheft, S. 211–215.

[21] Eine ausführliche Darstellung der Romantik und ihrer Akteure in Heidelberg findet sich bei Armin Schlechter: Die Romantik in Heidelberg. Brentano, Arnim und Görres am Neckar, Heidelberg 2007.

[22] Joseph von Eichendorff: Werke in sechs Bänden, hg. von Wolfgang Frühwald, Brigitte Schillbach und Hartwig Schultz, Frankfurt a.M. 1985–2013, Bd. 5, S. 432. Zitate aus dieser Ausgabe werden stets durch die Sigle EW mit Band und Seitenzahl belegt.

[23] Ebd.

[24] Ebd., S. 432f.

[25] KFSA, Bd. 2, S. 198 (Athenäums-Fragment Nr. 216).

[26] Ebd.

[27] Friedrich Schleiermacher: Kritische Gesamtausgabe, Bd. I/2, S. 297 (Über die Religion).

[28] Ein Jahrhundert deutscher Literaturkritik (1750–1850). Ein Lese- und Studienwerk, hg. von Oscar Fambach. Bd. 4: Das große Jahrzehnt (1796–1805), Berlin 1958, S. 407; vgl. auch Dirk von Petersdorff: Mysterienrede. Zum Selbstverständnis romantischer Intellektueller, Tübingen 1996.

[29] Ein Jahrhundert deutscher Literaturkritik (1750–1850), S. 407.

[30] Die ästhetische Prügeley. Streitschriften der antiromantischen Bewegung, hg. von Rainer Schmitz, Göttingen 1992.

[31] Ein Jahrhundert deutscher Literaturkritik, S. 454.

[32] KFSA, Bd. 2, S. 182 (Athenäums-Fragment Nr. 116).

[33] Ebd., S. 371.

2. Die zündende Idee: »Wir suchen überall das Unbedingte, und finden immer nur Dinge« (Novalis)

[1] Novalis: Schriften. Die Werke Friedrich von Hardenbergs. Begründet von Paul Kluckhohn und Richard Samuel, hg. von Richard Samuel in Zusammenarbeit mit Hans-Joachim Mähl und Gerhard Schulz, 3. Auflage, Stuttgart u.a. 1975ff., Bd. 2, S. 413. Zitate aus dieser Ausgabe werden stets durch die Sigle NS mit Band und Seitenzahl belegt.

² Ebd. (Blüthenstaub-Fragment Nr. 1).
³ Dem theoretischen, literarischen und politischen Werk von Novalis widmet sich ausführlich Herbert Uerlings: Friedrich von Hardenberg, genannt Novalis: Werk und Forschung, Stuttgart 1991.
⁴ Vgl. Jürgen Habermas: Nachmetaphysisches Denken II. Aufsätze und Repliken, Berlin 2012, S. 100.
⁵ Immanuel Kant: Werke in zwölf Bänden, hg. von Wilhelm Weischedel, Frankfurt a. M. 1974, Bd. 3, S. 27.
⁶ Ebd., Bd. 6, S. 623.
⁷ Ebd., S. 630.
⁸ Die Bedeutung der Philosophie Kants und Fichtes für die Romantik hat zuerst Manfred Frank in einigen Studien erschlossen und dargestellt, z. B. Manfred Frank: Einführung in die frühromantische Ästhetik. Vorlesungen, Frankfurt a.M. 1989. Ausführlich widmet sich auch Martin Götze diesem Zusammenhang: Martin Götze: Ironie und absolute Darstellung. Philosophie und Poetik in der Frühromantik, Paderborn u.a. 2001.
⁹ Vgl. Ludwig Stockinger: Romantische Malerei als ›Transzendentalmalerei‹? Einige modelltheoretische Anmerkungen zur Bildung eines kunstwissenschaftlichen Begriffs am Beispiel von Caspar David Friedrich und den ›Nazarenern‹, in: Romantik erkennen – Modelle finden, hg. von Stefan Matuschek und Sandra Kerschbaumer, Paderborn 2019, S. 15–58; hier S. 15–58.
¹⁰ NS, Bd. 2, S. 269f. (Fichte-Studien, Nr. 566).
¹¹ Zur Zusammengehörigkeit von früher und später Romantik vgl. Ludwig Stockinger: Die ganze Romantik oder partielle Romantiken?, in: Einheit der Romantik? Zur Transformation frühromantischer Konzepte im 19. Jahrhundert, hg. von Bernd Auerochs und Dirk von Petersdorff, Paderborn u.a. 2009, S. 21–42. Speziell zur Spätromantik vgl. Wolfgang Bunzel: Die Spätromantik, in: Romantik. Epoche – Autoren – Werke, hg. von Wolfgang Bunzel, Darmstadt 2010, S. 42–59.
¹² EW, Bd. 2, S. 446ff.
¹³ Ebd., S. 448.
¹⁴ Ebd., S. 561.
¹⁵ EW, Bd. 1, S. 322f.
¹⁶ Vgl. dazu Adam Tuchinsky: Introduction, in: Henry David Thoreau: Walking, Thomaston, ME 2017, S. 5–23. Zu Thoreau vgl. auch Caroline Rosenthal: Henry David Thoreaus Walden, in: Romantik erkennen – Modelle finden, S. 169–186.
¹⁷ Henry David Thoreau: Vom Spazieren. Ein Essay. Aus dem Amerikanischen von Dirk van Gunsteren, Zürich 2004, S. 28f.
¹⁸ Ebd., S. 72.
¹⁹ Ebd., S. 85f.
²⁰ Henry David Thoreau: Walking, in: Collected essays and poems, hg. von Elizabeth Hall Witherell, New York 2001, S. 254f.
²¹ Thoreau: Vom Spazieren, S. 87.

Anmerkungen

3. »Romantisieren«: dem eigenen Leben Bedeutung verleihen

[1] NS, Bd. 2, S. 545 (Vermischte Fragmente I, 1798, Fragment Nr. 105).
[2] Ebd.
[3] Vgl. zur Form des romantischen Fragments Eberhard Ostermann: Fragment/Aphorismus, in: Romantik-Handbuch, hg. von Helmut Schanze, Stuttgart 1994, S. 276–288.
[4] NS, Bd. 2, S. 432 (Blüthenstaub-Fragment Nr. 50).
[5] Ebd., S. 436/438 (Blüthenstaub-Fragment Nr. 65).
[6] Zur Verbindung von Biographie und Werk vgl. auch Dennis F. Mahoney: Friedrich von Hardenberg (Novalis), Stuttgart/Weimar 2001.
[7] NS, Bd. 1, S. 205 (Heinrich von Ofterdingen).
[8] Ebd., S. 242.
[9] Ebd., S. 241.
[10] Ebd., S. 242.
[11] Ebd., S. 246.
[12] Ebd., S. 244.
[13] Ebd., S. 246. Diese Verbindung von Natur und christlicher Symbolik findet sich in der Romantik auch in der Malerei wieder, wo das Kreuz allerdings nicht unter die Erde, sondern oben auf die Berge gestellt wird. So vollzieht es Caspar David Friedrich mit seinem »Tetschener Altar«, einer höchst ungewöhnlichen Komposition von Rahmen und Bild. Seine Verbindung der Landschaftsmalerei mit religiösen Zeichen rief ebenso Überraschung wie heftige Ablehnung hervor.
[14] Liederbuch für unsere schaffende Jugend, hg. vom Bundesvorstand des Deutschen Gewerkschaftsbundes, Essen 1948, S. 39f. (URL: http://www.liederlexikon.de/lieder/glueck_auf_glueck_auf_der_steiger_kommt/editioni, zuletzt abgerufen am 29.05.2020).
[15] NS, Bd. 1, S. 244 (Heinrich von Ofterdingen).
[16] Ebd., S. 251.
[17] Vgl. zur britischen Romantik Christoph Bode: Diskursive Konstruktion von Identität in der britischen Romantik. Bd. 1: Selbst-Begründungen: Subjektive Identität, Trier 2008; zu Wordsworth vgl. S. 21–80.
[18] William Wordsworth: I wandered lonely as a cloud, in: The Norton Anthology of English Literature, Bd. 2, hg. von Stephen Greenblatt, New York/London 2006, S. 306. Vgl. dazu auch Christoph Reinfandt: Englische Romantik. Eine Einführung, Berlin 2008, S. 37–45.
[19] William Wordsworth: Composed upon Westminster Bridge, September 3, 1802, in: The Norton Anthology of English Literature, Bd. 2, S. 317.
[20] Karoline von Günderrode: Gedichte, Prosa, Briefe, hg. von Hannelore Schlaffer, Stuttgart 1998, S. 101 (Brief Karoline von Günderrodes an Gunda Brentano, 19. August 1801).
[21] Ebd., S. 103 (Brief Karoline von Günderrodes an Gunda Brentano, 29. August 1801).
[22] Ebd., S. 108f. (Brief Karoline von Günderrodes an Friedrich Creuzer, vor dem 26. Juni 1805).

²³ Ebd., S. 114f. (Brief Karoline von Günderrodes an Friedrich Creuzer, April 1806).
²⁴ Ebd., S. 109 (Brief Karoline von Günderrodes an Friedrich Creuzer, vor dem 26. Juni 1805).
²⁵ Ebd., S. 118 (Brief Karoline von Günderrodes an Friedrich Creuzer, undatiert).
²⁶ Karl Heinz Bohrer: Der romantische Brief. Die Entstehung ästhetischer Subjektivität, Frankfurt a.M. 1989.
²⁷ Christa Wolf: Werke in zwölf Bänden, hg., kommentiert und mit einem Nachwort versehen von Sonja Hilzinger, Bd. 6, München 2000, S. 11 (Kein Ort. Nirgends).
²⁸ Ebd., S. 105.
²⁹ Ebd., S. 62.
³⁰ Heinrich Heine: Historisch-kritische Gesamtausgabe der Werke, hg. von Manfred Windfuhr in Verbindung mit dem Heinrich-Heine-Institut, 16 Bde., Hamburg 1973-1997, Bd. 8/1, S. 194. Zitate aus dieser Ausgabe werden stets durch die Sigle DHA mit Band und Seitenzahl belegt.
³¹ Ebd., Bd. 6, S. 94.
³² Ebd.

4. Der Einsatz der Ironie

¹ Vgl. zur romantischen Ironie den Artikel von Peter L. Oesterreich: Ironie, in: Romantik-Handbuch, hg. von Helmut Schanze, Stuttgart 1994, S. 351–365 sowie Ernst Behler: Ironie und literarische Moderne, Paderborn 1997.
² KFSA, Bd. 12, S. 209 (Philosophische Vorlesungen).
³ Ebd., Bd. 2, S. 160 (Lyceums-Fragment Nr. 108).
⁴ Vgl. ebd.
⁵ Ebd.
⁶ Ebd., S. 152 (Lyceums-Fragment Nr. 42).
⁷ Johann Wolfgang Goethe: Sämtliche Werke, Tagebücher und Gespräche, Bd. 7.1, S. 452f. (Faust, 5. Akt, Grablegung).
⁸ Ebd., Bd. 7.2: Faust. Kommentare, hg. von Albrecht Schöne, Frankfurt a.M. 1999, S. 766. Diese Gleichzeitigkeit nimmt in der Gegenwartsliteratur übrigens Daniel Kehlmann auf, wenn er für seine Poetik-Vorlesungen »Diese sehr ernsten Scherze« nennt (Daniel Kehlmann: Diese sehr ernsten Scherze. Poetikvorlesungen, Göttingen 2007).
⁹ Zur »Harzreise« vgl. Gerhard Höhn: Die Harzreise, in: Heine-Handbuch: Zeit, Person, Werk, hg. von Gerhard Höhn, 3., überarbeite und erweiterte Auflage, Stuttgart/Weimar 2004, S. 191–202.
¹⁰ DHA, Bd. 6, S. 119f.
¹¹ DHA, Bd. 2, S. 150 (Die schlesischen Weber).
¹² Vgl. zur Ironie in Heines Gedichten Sandra Kerschbaumer: Heines moderne Romantik, Paderborn u.a. 2000.

[13] DHA, Bd. 2, S. 80 (Anno 1839).
[14] Ebd., S. 80f.
[15] Ebd., S. 81.
[16] KFSA, Bd. 2, S. 172 (Athenäums-Fragment Nr. 51).
[17] Clemens Brentano: Werke, hg. von Wolfgang Frühwald und Friedhelm Kemp, München 1963ff., Bd. 2, S. 390 (Godwi oder Das steinerne Bild der Mutter).
[18] Ebd., S. 307. Dieses Erzählen, das die Möglichkeiten und Grenzen der erzählerischen Darstellung der Welt mitbedenkt, hat Manfred Engel dargestellt: Der Roman der Goethezeit, Bd. 1: Anfänge in Klassik und Frühromantik: Transzendentale Geschichten, Stuttgart/Weimar 1993.
[19] Clemens Brentano: Werke, Bd. 2, S. 113.
[20] Ebd., Bd. 1, S. 531 (10. Jänner 1834).
[21] »Aber von den Tagen Johannes des Täufers bis heute leidet das Himmelreich Gewalt, und die Gewalt tun, reißen es an sich.« (Luther-Bibel, Matthäus 11,12).
[22] Friedrich Nietzsche: Sämtliche Werke. Kritische Studienausgabe in 15 Bänden, hg. von Giorgio Colli und Mazzino Montinari, Neuausgabe, München 1999, Bd. 2, S. 18 (Menschliches, Allzumenschliches).
[23] Vgl. Matthias Löwe: ›Romantik‹ bei Thomas Mann. Leitbegriff, Rezeptionsobjekt, Strukturphänomen, in: Im Schatten des Lindenbaums. Thomas Mann und die Romantik, hg. von Jens Ewen, Tim Lörke und Regine Zeller, Würzburg 2016, S. 21–70.
[24] Richard Rorty: Kontingenz, Ironie und Solidarität, übers. von Christa Krüger, Frankfurt a.M. 1989, S. 127.
[25] Ebd.

5. »Aussicht ins Unendliche«: Romantische Bilder von Caspar David Friedrich bis zur »Titanic«

[1] KFSA, Bd. 3, S. 100 (Lessings Gedanken und Meinungen). In diesem und in den folgenden Kapiteln hat dieses Buch von Recherchen, Ideen und Hinweisen des Romantik-Experten Raphael Stübe profitiert.
[2] Vgl. zum Programm der romantischen Kunst Johannes Grave: Bildtheoretische Grundfragen der Romantik. Skizze eines Forschungsfeldes, in: Europäische Romantik. Interdisziplinäre Perspektiven der Forschung, hg. von Helmut Hühn und Helmut Schiedermair, Berlin/Boston 2015, S. 51–64.
[3] Vgl. Werner Busch: Caspar David Friedrich. Ästhetik und Religion, München 2003, S. 82ff.
[4] Vgl. Ludwig Stockinger: Romantische Malerei als ›Transzendentalmalerei‹? Einige modelltheoretische Anmerkungen zur Bildung eines kunstwissenschaftlichen Begriffs am Beispiel von Caspar David Friedrich und den ›Nazarenern‹, in: Romantik erkennen – Modelle finden, S. 15–58; hier S. 26.

⁵ Vgl. Dirk von Petersdorff: Realismus und Konstruktion. Zu den Bildlichkeitstypen in der Literatur und Malerei zwischen Novalis und Caspar David Friedrich (mit 4 Abb.), in: Jahrbuch des Freien Deutschen Hochstifts, Tübingen 2006, S. 200. Vgl. auch Käte Hamburger: Novalis und die Mathematik, in: Käte Hamburger: Philosophie der Dichter. Novalis, Schiller, Rilke, Stuttgart (u.a.) 1966, S. 11–82; hier S. 20 und 51.
⁶ Philipp Otto Runge: Hinterlassene Schriften, Bd. 1, Göttingen 1965, S. 9.
⁷ John Constable's Correspondence, hg. von Ronald Brymer Beckett, Ipswich 1962–1968, Bd. 6, S. 77 (Brief John Constables an John Fisher, 23. Oktober 1821).
⁸ Ebd.
⁹ https://www.youtube.com/watch?v=iuiHnEjS1fg, zuletzt abgerufen am 29.05.2020.
¹⁰ EW, Bd. 1, S. 315 (Sehnsucht). Vgl. dazu auch Matthias Löwe: Romantische Skepsis bei Novalis, E.T.A. Hoffmann und Eichendorff, in: »Wir sind keine Skeptiker, denn wir wissen.« Skeptische und antiskeptizistische Diskurse der Revolutionsepoche 1770 bis 1850, in: Wezel-Jahrbuch 14/15 (2011/2012), hg. von Cornelia Ilbrig und Sikander Singh, Hannover 2013, S. 263–284.
¹¹ EW, Bd. 1, S. 315.
¹² Vgl. Christoph Reinfandt: Das offene Buch: Ed Sheeran. Impulse I. Das Modell Romantik in der Popmusik, auf: gestern-romantik-heute, 14.06.2019 (URL: http://www.gestern-romantik-heute.uni-jena.de/index.php?cID=526, zuletzt abgerufen am 29.05.2020).
¹³ Vgl. zu diesem Gedicht Arnaldo di Benedetto: Leopardi und die Romantik, in: Leopardi und die europäische Romantik. Akten der 23. Jahrestagung der Deutschen Leopardi-Gesellschaft in Jena, 7.-9. November 2013, hg. von Edoardo Costadura, Diana di Maria und Sebastian Neumeister, Heidelberg 2015, S. 15-34.
¹⁴ Giacomo Leopardi: Canti e Frammenti. Gesänge und Fragmente. Italienisch/Deutsch. Aus dem Italienischen von Helmut Endrulat, Stuttgart 1990, S. 91/93.
¹⁵ Annette von Droste-Hülshoff: Sämtliche Werke in zwei Bänden, hg. von Bodo Plachta und Winfried Woesler, Frankfurt a.M. 1994, Bd. 1, S. 74f. Vgl. zu diesem Gedicht auch Cornelia Blasberg: Am Thurme, in: Annette von Droste-Hülshoff Handbuch, hg. von Cornelia Blasberg und Jochen Grywatsch, Berlin/Boston 2018, S. 269–273.

6. Romantik in der Praxis: Politik

¹ KFSA, Bd. 2, S. 182 (Athenäums-Fragment Nr. 116).
² Friedrich Schleiermacher: Kritische Gesamtausgabe, Bd. 1/2, S. 211 (Über die Religion).
³ Ebd., S. 216.

Anmerkungen 149

⁴ Vgl. zu Schleiermacher grundlegend Kurt Nowak: Schleiermacher. Leben, Werk und Wirkung, Göttingen 2002.
⁵ Vgl. Benjamin Specht: Physik als Kunst. Die Poetisierung der Elektrizität um 1800, Berlin 2010.
⁶ Friedrich Wilhelm Joseph von Schelling: Sämmtliche Werke, hg. von Karl Friedrich August Schelling, Stuttgart 1856–1861, Bd. 1/3, S. 628 (System des transcendentalen Idealismus).
⁷ Ebd., Bd. 1/5, S. 448 (Philosophie der Kunst).
⁸ Vgl. zu »Glauben und Liebe« den Kommentar von Ludwig Stockinger in: Novalis. Werke, Tagebücher und Briefe Friedrich von Hardenbergs, hg. von Hans-Joachim Mähl und Richard Samuel, Bd. 3, München 1987, S. 367–395.
⁹ NS, Bd. 2, S. 493 (Glauben und Liebe, Fragment Nr. 30).
¹⁰ Ebd., S. 494 (Fragment Nr. 36).
¹¹ Ebd., S. 490 (Fragment Nr. 23).
¹² Ebd., S. 495 (Fragment Nr. 36).
¹³ Ebd., S. 487 (Fragment Nr. 15).
¹⁴ Vgl. Herrmann Kurzke: Romantik und Konservatismus. Das »politische« Werk Friedrich von Hardenbergs (Novalis) im Horizont seiner Wirkungsgeschichte, München 1983.
¹⁵ NS, Bd. 2, S. 490 (Glauben und Liebe, Fragment Fragment Nr. 22).
¹⁶ Ebd., S. 489 (Fragment Nr. 18).
¹⁷ Ebd.
¹⁸ Ebd., S. 498 (Fragment Nr. 42).
¹⁹ Ebd., S. 489 (Fragment Nr. 18).
²⁰ Ebd., S. 488 (Fragment Nr. 15).
²¹ Vgl. dazu Matthias Löwe: Idealstaat und Anthropologie. Problemgeschichte der literarischen Utopie im späten 18. Jahrhundert, Berlin/Boston 2012.
²² NS, Bd. 2, S. 486 (Glauben und Liebe, Fragment Nr. 8).
²³ Ebd. (Fragment Nr. 7).
²⁴ Ludwig Stockinger: Kommentar zu ›Glauben und Liebe‹, in: Novalis: Werke, Tagebücher und Briefe, S. 376.
²⁵ KFSA, Bd. 24, S. 154 (Brief Friedrich Schlegels an Novalis, Ende Juli 1798).
²⁶ Adam Müller: Vermischte Schriften über Staat, Philosophie und Kunst, Bd. 1, Wien 1812, S. 26.
²⁷ Zur Tischgesellschaft und den hier gehaltenen Reden vgl. Stefan Nienhaus: Geschichte der deutschen Tischgesellschaft, Tübingen 2003.
²⁸ Ludwig Achim von Arnim: Werke und Briefwechsel. Historisch-kritische Ausgabe, in Zusammenarbeit mit der Stiftung Weimarer Klassik hg. von Roswitha Burwick, Ulfert Ricklefs u.a., Berlin u.a. 2000ff. Band 11, S. 128 (Über die Kennzeichen des Judentums).
²⁹ Clemens Brentano: Werke, Bd. 2, S. 967 (Der Philister vor, in und nach der Geschichte).
³⁰ Ebd., S. 985.
³¹ Ebd.

[32] Ebd., S. 966.
[33] Ebd., S. 965.
[34] NS, Bd. 2, S. 492 (Glauben und Liebe, Fragment Nr. 28).
[35] Adam Müller: Die Elemente der Staatskunst. 36 Vorlesungen, ungekürzter Neudruck nach der Originalausgabe 1808/09, Meersburg 1936, S. 27.
[36] Adam Müller: Anmerkung zur britischen Staatsverfassung (1812), wiederabgedruckt in: Ders.: Schriften zur Staatsphilosophie, hg. von Rudolf Kohler, München 1925, S. 173. Vgl. Frank-Lothar Kroll: Friedrich Wilhelm IV. und das Staatsdenken der deutschen Romantik, in: Einzelveröffentlichungen der historischen Kommission zu Berlin, Berlin 1990, S. 21.
[37] David Friedrich Strauß: Der Romantiker auf dem Throne der Cäsaren, oder Julian der Abtrünnige. Ein Vortrag, Mannheim 1847. Auch wenn Friedrich Wilhelm IV. in diesem Werk nicht explizit genannt wird, so ist doch deutlich, dass er mit der Figur Julian gemeint ist.
[38] DHA, Bd. 3/1, S. 328 (Die Menge thut es).
[39] Friedrich Wilhelm IV.: Thronrede zur Eröffnung des Ersten Vereinigten Landtags (11. April 1847), hg. von Eduard Bleich, Berlin 1847, S. 22.
[40] Heinrich Heine: Werke, Briefwechsel, Lebenszeugnisse (Säkularausgabe), hg. von den Nationalen Forschungs- und Gedenkstätten der klassischen deutschen Literatur in Weimar und dem Centre National de la Recherche Scientifique in Paris, Berlin/Paris 1970ff., Bd. 21, S. 125 (Brief Heines an Heinrich Laube, 23. November 1835).
[41] DHA, Bd. 8/1, S. 60 (Zur Geschichte der Religion und Philosophie in Deutschland).
[42] Ebd, S. 37.
[43] Ebd., S. 141.
[44] Ebd.
[45] Ebd., Bd. 2, S. 150 (Die schlesischen Weber).
[46] In seinem politischen Kampf für die Freiheitsrechte des Individuums trifft sich Heine dabei mit Victor Hugo, der das Romantische im internationalen Vergleich wohl am stärksten an eine liberale politische Agenda knüpft: »Die Romantik ist [...] nichts anderes als der Liberalismus in der Literatur. [...] Die Freiheit der Kunst, die Freiheit in der Gesellschaft, das ist das doppelte Ziel, das alle konsequenten und logischen Geister anstreben müssen.« Victor Hugo: Vorwort zu »Hernani«, zitiert nach: Manfred Starke (Hg.): Der Untergang der romantischen Sonne. Ästhetische Texte von Baudelaire bis Mallarmé, Leipzig/Weimar 1984, S. 16.
[47] Zu Bettina von Arnim als politische Romantikerin vgl. Gisela Mettele: »Herzhaft in die Dornen der Zeit greifen«. Die politische Romantikerin Bettina von Arnim, in: Romantik und Freiheit. Wechselspiele zwischen Ästhetik und Politik, hg. von Michael Dreyer und Klaus Ries, Heidelberg 2014, S. 115–135.
[48] Vgl. zu diesem Werk Bettina von Arnims auch Barbara Becker-Cantarino/Ursula Liebertz-Grün: Dies Buch gehört dem König (1843), in: Bettina von Arnim Handbuch, hg. von Barbara Becker-Cantarino, S. 396–411.

Anmerkungen 151

⁴⁹ Vgl. Kroll: Friedrich Wilhelm IV. und das Staatsdenken der deutschen Romantik, S. 56f.
⁵⁰ Bettina von Arnim: Werke und Briefe in vier Bänden, hg. von Walter Schmitz und Sibylle von Steinsdorff, Bd. 3: Politische Schriften, hg. von Wolfgang Bunzel, Ulrike Landfester u.a., Frankfurt a.M. 1995, S. 368 (Dies Buch gehört dem König).
⁵¹ Thomas Mann: Große kommentierte Frankfurter Ausgabe. Werke – Briefe – Tagebücher, hg. von Heinrich Detering, Eckhard Heftrich u.a., Frankfurt a.M. 2001ff., Bd. 15/1, S. 522 (Von deutscher Republik).
⁵² Ebd., S. 544.
⁵³ Vgl. dazu Matthias Löwe: ‚Romantik‘ bei Thomas Mann: Leitbegriff, Rezeptionsobjekt, Strukturphänomen, in: Im Schatten des Lindenbaums. Thomas Mann und die Romantik, hg. von Jens Ewen, Tim Lörke und Regine Zeller, Würzburg 2016, S. 21–70.
⁵⁴ Thomans Mann: Große Frankfurter Ausgabe, Bd. 15/1, S. 541 (Von deutscher Republik).
⁵⁵ Ebd., S. 528.
⁵⁶ NS, Bd. 2, S. 492 (Glauben und Liebe, Fragment Nr. 27).
⁵⁷ Zur produktiven Rezeption der Romantik in der DDR vergleiche den Sammelband: Die Blaue Blume in der DDR. Bezüge zur Romantik zwischen politischer Kontrolle und ästhetischem Eigensinn, hg. von Friederike Frach und Norbert Baas, Berlin-Brandenburg 2017.
⁵⁸ Christa Wolf: Werke in zwölf Bänden, Bd. 6, S. 105 (Kein Ort. Nirgends).
⁵⁹ Ebd., Bd. 12, S. 182 (Sprache der Wende, Rede auf dem Alexanderplatz).
⁶⁰ Ebd., S. 183f.

7. Gibt es romantische Liebe?

¹ Sarah Beyer: Der Mythos romantische Liebe – mehr Fluch als Segen, in: Die Beziehungsschmiede (2018). (URL: https://diebeziehungsschmiede. de/mythos-romantische-liebe-mehr-fluch-als-segen/, zuletzt abgerufen am 27.04.2020).
² Liebe, romantische, in: Lexikon zur Soziologie, hg. von Werner Fuchs-Heinritz, Rüdiger Lautmann, Otthein Rammstedt und Hanns Wienold, 3., völlig neu bearbeitete und erweiterte Auflage, Opladen 1994, S. 404–405.
³ Niklas Luhmann: Liebe. Eine Übung (1969), hg. von André Kieserling, Frankfurt a.M. 2008, S. 21.
⁴ Peter Fuchs: Liebe, Sex und solche Sachen. Zur Konstruktion moderner Intimsysteme, Köln 2019, S. 40.
⁵ Paarberatung Fuchs: »Problem: Romantische Liebe.« (URL: http://paarberatung-fuchs.de/portfolio/beziehungsratgeber-fiktion-romantische-liebe/, zuletzt abgerufen am 23.05.2020).

[6] Sarah Beyer: Der Mythos romantische Liebe – mehr Fluch als Segen, in: Die Beziehungsschmiede (2018). (URL: https://diebeziehungsschmiede.de/mythos-romantische-liebe-mehr-fluch-als-segen/, zuletzt abgerufen am 02.06.2020).
[7] Johann Wolfgang Goethe: Sämtliche Werke. Briefe, Tagebücher und Gespräche, Bd. 8, S. 21 (Die Leiden des jungen Werthers, Brief vom 17. Mai).
[8] Ebd., S. 77 (Brief vom 13. Juli).
[9] Vgl. ebd., S. 135 (Brief vom 20. Januar).
[10] Ebd., S. 55 (Brief vom 21. Juni).
[11] Ebd., S. 57 (Brief vom 21. Juni).
[12] Ebd.
[13] Vgl. zu Schlegels »Lucinde« auch Mark-Georg Dehrmann: »Lucinde«, in: Friedrich Schlegel-Handbuch. Leben – Werk – Wirkung, hg. von Johannes Endres, Stuttgart 2017, S. 171–178.
[14] KFSA, Bd. 5, S. 37 (Lucinde).
[15] Ebd., S. 57.
[16] Ebd., S. 55.
[17] Ebd.
[18] Ebd.
[19] Ebd., S. 60.
[20] Ebd., S. 58.
[21] NS, Bd. 4, S. 48, Schreibweise im Original: »Xtus und Sophie«.
[22] Ebd., Bd. 2, S. 485 (Glauben und Liebe Fragment Nr. 4).
[23] KFSA, Bd. 5, S. 12 (Lucinde).
[24] Ebd., S. 13.
[25] Platon: Sämtliche Werke in zehn Bänden. Griechisch und Deutsch. Nach der Übersetzung Friedrich Schleiermachers, ergänzt durch Übersetzungen von Franz Susemihls u.a., hg. von Karlheinz Hülser, Frankfurt a.M./Leipzig 1991, S. 107 (Symposion).
[26] Ebd.
[27] EW, Bd. 2, S. 185 (Ahnung und Gegenwart).
[28] Ebd.
[29] Zum »Marmorbild« vgl. Waltraud Wiethölter: Die Schule der Venus. Ein diskursanalytischer Versuch zu Eichendorffs »Marmorbild«, in: Eichendorffs Modernität. Akten des internationalen, interdisziplinären Eichendorff-Symposiums, 6.-8. Oktober 1988, Akademie der Diözese Rottenburg-Stuttgart, hg. von Michael Kessler und Helmut Koopmann, Tübingen 1989, S. 171–202.
[30] EW, Bd. 2, S. 417 (Das Marmorbild).
[31] Ebd.
[32] Ebd., S. 419.
[33] Ebd.
[34] Ebd.
[35] Ebd.
[36] Ebd., S. 420.
[37] Ebd., S. 185 (Ahnung und Gegenwart).
[38] Ebd., S. 427 (Das Marmorbild).

Anmerkungen 153

³⁹ Vgl. EW, Bd. 1, S. 224f. (Die zwei Gesellen).
⁴⁰ Clemens Brentano: Werke, Bd. 1, S. 66 (Unerkanntes stilles Leben).
⁴¹ Vgl. zum Briefwechsel zwischen Clemens Brentano und Sophie Mereau Julia Augart: Eine romantische Liebe in Briefen. Zur Liebeskonzeption im Briefwechsel von Sophie Mereau und Clemens Brentano, Würzburg 2006.
⁴² Lebe der Liebe und liebe das Leben. Der Briefwechsel von Clemens Brentano und Sophie Mereau, hg. von Dagmar von Gersdorff, Frankfurt a.M. 1981, S. 172f. (Brief Clemens Brentanos an Sophie Mereau vom 3. September 1803).
⁴³ Ebd., S. 179 (Brief Clemens Brentanos an Sophie Mereau vom 4. September 1803).
⁴⁴ Ebd., S. 184 (Brief Sophie Mereaus an Clemens Brentano vom 6. September 1803).
⁴⁵ Ebd., S. 324 (Brief Sophie Mereaus an Clemens Brentano vom 17. September 1804).
⁴⁶ Ebd., S. 319 (Brief Clemens Brentanos an Sophie Mereau vom 14. November 1804).
⁴⁷ Vgl. dazu Dorothy Mermin: Elizabeth Barrett Browning. The Origins of a New Poetry, Chicago 1989.
⁴⁸ Elizabeth Barrett-Browning. Sonette aus dem Portugiesischen, übertragen von Rainer Maria Rilke, Englisch und deutsch, 11. Auflage, Leipzig 1991, S. 32 (If thou must love me).
⁴⁹ Ebd., S. 33 (Wenn du mich lieben mußt).
⁵⁰ Ebd., S. 90 (How do I love thee?).
⁵¹ Ebd.
⁵² Ebd., S. 56 (I lived with visions for my company).
⁵³ Ebd., S. 57 (Vor Jahren aber war mein Umgang).
⁵⁴ Ebd.
⁵⁵ Ebd., S. 56.
⁵⁶ Paarberatung Fuchs: »Problem: Romantische Liebe.« (URL: http://paarberatung-fuchs.de/portfolio/beziehungsratgeber-fiktion-romantische-liebe/, zuletzt abgerufen am 23.05.2020).
⁵⁷ DHA, Bd. 3/1, S. 114 (Gedächtnißfeyer).

8. Melancholie, Depression, Spaltung: die dunkle Seite der Romantik

¹ EW, Bd. 2, S. 419 (Das Marmorbild).
² NS, Bd. 2, S. 270 (Fichte-Studien Fragment Nr. 566).
³ NS, Bd. 1, S. 325 (Heinrich von Ofterdingen).
⁴ Wilhelm Müller, Franz Schubert: Die schöne Müllerin. Die Winterreise. Textausgabe, Stuttgart 2001, S. 9.
⁵ Ebd.
⁶ Dirk von Petersdorff/Christiane Wiesenfeldt: Wohin? Wilhelm Müllers und Franz Schuberts romantische Suchbewegung, in: Romantik erkennen – Modelle finden, S. 145–167.

⁷ Wilhelm Müller, Franz Schubert: Die schöne Müllerin, S. 29.
⁸ E. T. A. Hoffmann: Sämtliche Werke in sechs Bänden, hg. von Hartmut Steinecke und Wulf Segebrecht, Frankfurt a.M. 1985ff., Bd. 2/1, S. 234 (Der goldene Topf).
⁹ Ebd., S. 300.
¹⁰ Ebd., S. 303.
¹¹ Von der Darstellung eines »Verblendungszusammenhangs« in Anlehnung an Theodor W. Adornos Kritik einer nur noch Funktionsgesetzen folgenden modernen Gesellschaft spricht daher Uwe Wirth: Der goldene Topf, in: E. T. A. Hoffmann. Leben – Werk – Wirkung, hg. von Detlef Kremer, Berlin/New York 2010, S. 114–130; hier S. 119f.
¹² E. T. A. Hoffmann: Sämtliche Werke in sechs Bänden, Bd. 2/1, S. 321 (Der goldene Topf).
¹³ Ebd., Bd. 4, S. 721.
¹⁴ Vgl. Claudia Lieb: Der Sandmann, in: E. T. A. Hoffmann. Leben –Werk –Wirkung, hg. von Detlef Kremer, Berlin/New York 2010, S. 169–185 sowie Britta Herrmann: Der Sandmann, in: E. T. A. Hoffmann Handbuch. Leben –Werk –Wirkung, hg. von Christine Lubkoll und Harald Neumeyer, Stuttgart/Weimar 2015, S. 48–53.
¹⁵ Johann Christian Reil: Rhapsodieen über die Anwendung der psychischen Curmethode auf Geisteszerrüttungen, Halle 1803, S. 65 (URL: http://mdz-nbn-resolving.de/urn:nbn:de:bvb:12-bsb10474180-0, zuletzt abgerufen am 25.5.2020).
¹⁶ E. T. A. Hoffmann: Sämtliche Werke in sechs Bänden, Bd. 3, S. 43 (Der Sandmann).
¹⁷ Ebd., S. 22f.
¹⁸ Ebd., S. 22.
¹⁹ Vgl. zu dieser Erzählung Thomas Althaus: Doppelte Erscheinung. Zwei Konzepte der Erzählprosa des frühen Tieck, zwei notwendige Denkweisen um 1800 und zwei Lektüren von Tiecks Märchennovelle ›Der Runenberg‹, in: Die Prosa Ludwig Tiecks, hg. von Detlef Kremer, Bielefeld 2005, S. 95–114.
²⁰ Ludwig Tieck: Schriften in zwölf Bänden, hg. von Manfred Frank, Paul Gerhard Klussmann u.a., Frankfurt a.M. 1985ff. Bd. 6, S. 187 (Der Runenberg).
²¹ Ebd., S. 201.
²² Ebd., S. 192.
²³ Ebd., S. 203.
²⁴ Ebd., S. 193.
²⁵ Vgl. NS, Bd. 1, S. 242f. und S. 246 (Heinrich von Ofterdingen). Vgl. zu dieser Stelle in »Heinrich von Ofterdingen« auch Kapitel 3.
²⁶ Ludwig Tieck: Schriften in zwölf Bänden, Bd. 6, S. 186 (Der Runenberg).
²⁷ Vgl. zu den »Nachtwachen« Manfred Engel: Auf der Suche nach dem Positiven. Die Kritik an Subjektivismus und romantischer Romanform in Klingemanns Nachtwachen und Immermanns Münchhausen, in: Studien zur Literatur des Frührealismus, hg. von Günter Blamberger, Manfred

Anmerkungen

Engel und Monika Ritzer, Frankfurt a.M. 1991, S. 17–44 sowie Oliver Hepp: Ein transzendentaler Buffo. Kreuzgang und die romantisch-ironische Struktur der »Nachtwachen« von Bonaventura, in: Jahrbuch der Deutschen Schillergesellschaft 53 (2009), S. 149–174.
[28] August Klingemann: Nachtwachen von Bonaventura, hg. von Jost Schillemeit, Frankfurt a.M. 1974, S. 80.
[29] Ebd., S. 116f.
[30] Ebd., S. 131.
[31] Johann Gottlieb Fichte: Die Bestimmung des Menschen, hg. von Theodor Ballauf und Ignaz Klein, Stuttgart 1962, S. 100.
[32] Ebd., S. 101.
[33] Ruth Haag: Noch einmal: Der Verfasser der »Nachtwachen von Bonaventura«, 1804, in: Euphorion 81 (1987), S. 286–297.
[34] August Klingemann: Nachtwachen von Bonaventura, S. 168.
[35] Ebd., S. 199.
[36] Vgl. Thomas S. Hansen und Burton R. Pollin: The German Face of Edgar Allan Poe. A Study of Literary Reference in His Works, Columbia 1995.
[37] Vgl. zu dieser Erzählung Agnieska Soltysik Monnet: ›The Fall of the House of Usher‹ and the Architecture of Unreliability, in: The Oxford Handbook of Edgar Allan Poe, hg. von J. Gerald Kennedy und Scott Peeples, Oxford 2019, S. 320–337.
[38] Edgar Allan Poe: Der Untergang des Hauses Usher, Zürich 1984, S. 90.
[39] Ebd., S. 91.
[40] Edgar Allan Poe: Selected Tales, hg. von David van Leer, Oxford/New York 1998, S. 56 (The Fall of the House of Usher).
[41] Ebd., S. 57.
[42] Ebd.
[43] Edgar Allan Poe: Der Untergang des Hauses Usher, S. 93.
[44] Ebd., S. 84.
[45] Vgl. ebd., S. 94.
[46] Edgar Allan Poe: Selected Tales, S. 65 (The Fall of the House of Usher).
[47] Ebd.

9. Verjüngungen. Romantik im 20. Jahrhundert und in der Gegenwart

[1] Heinrich Detering: Bob Dylan. Mit 10 Abbildungen, Stuttgart 2007, S. 9.
[2] Vgl. ebd., S. 10.
[3] Bob Dylan, Lyrics 1962–2001. Sämtliche Songtexte. Deutsch von Gisbert Haefs, Hamburg 2004, S. 252 (My Back Pages).
[4] Ebd.
[5] Ebd.
[6] Detering: Bob Dylan, S. 63.
[7] Christopher Ricks: Dylan's Visions of Sin, London 2003.
[8] NS, Bd. 2, S. 431 (Blüthenstaub-Fragment, Nr. 47).

[9] Vgl. Rolf Dieter Brinkmann: Westwärts 1&2. Gedichte. Mit Fotos des Autors, Reinbek bei Hamburg 1999, S. 7.
[10] Rolf Dieter Brinkmann: Standphotos. Gedichte, 1962–1970, Reinbek bei Hamburg 1980, S. 217.
[11] Rolf Dieter Brinkmann: Westwärts 1&2, S. 92 (Cannelloni in Olevano).
[12] Vgl. dazu Ulrich Breuer: Gedicht, in: Rolf Dieter Brinkmann. Seine Gedichte in Einzelinterpretationen, Bd. 2, hg. von Jan Röhnert und Gunter Geduldig, Berlin 2012, S. 480–495.
[13] Rolf Dieter Brinkmann: Westwärts 1&2, S. 41 (Gedicht).
[14] Ebd.
[15] Lebe der Liebe und liebe das Leben. Der Briefwechsel von Clemens Brentano und Sophie Mereau, hg. von Dagmar von Gersdorff, Frankfurt a.M. 1981, S. 324 (Brief Sophie Mereaus an Clemens Brentano vom 17.9.1804).
[16] Hans Magnus Enzensberger: Gedichte 1960–2020, Berlin 2019, S. 67 (Hommage à Gödel).
[17] Ebd., S. 216 (Blauwärts).
[18] Vgl. zu den Gedichten Burnsides Monika Szuba: ›A Temporary, Sometimes Fleeting Thing‹. Home in John Burnside's Poetry, in: John Burnside. Contemporary Critical Perspectives, hg. von Ben Davies, London u.a. 2020.
[19] John Burnside: Anweisungen für eine Himmelsbestattung. Ausgewählte Gedichte. Englisch – Deutsch. Aus dem Englischen übersetzt und mit einem Nachwort von Iain Galbraith, München 2016, S. 134 (Heatwave).
[20] Ebd., S. 207 (Ny-Hellesund).
[21] Ebd., S. 149 (Vier Quartette Saint-Nazaire).
[22] Ebd., S. 178 (Le Croisic).
[23] Ebd., S. 126 (Pieter Breughel: Landscape with Skaters and Bird Trap, 1565).
[24] Ebd., S. 250f. (Old Man Swimming).
[25] Ebd., S. 253.
[26] NS, Bd. 2, S. 545 (Vermischte Fragmente I, 1798, Fragment Nr. 105).
[27] KFSA, Bd. 2, S. 182f. (Athenäums-Fragment Nr. 116).
[28] Burnside: Anweisungen für eine Himmelsbestattung, S. 267 (Spiegelkabinett, Berlin, 2012).
[29] Ebd., S. 269 (Spiegelkabinett, Berlin, 2012).
[30] Odo Marquard: Abschied vom Prinzipiellen. Philosophische Studien, Stuttgart 1991.
[31] Für Hinweise zu Peter Handke danke ich Simone Schießer.
[32] Peter Handke: Die Lehre der Sainte-Victoire, Frankfurt a.M. 1984, S. 16.
[33] Peter Handke: Langsame Heimkehr, Frankfurt a.M. 1984, S. 9.
[34] Handke: Die Lehre der Sainte-Victoire, S. 84f.
[35] Vgl. Peter Handke: Aber ich lebe nur von den Zwischenräumen. Ein Gespräch, geführt von Herbert Gamper, Frankfurt a.M. 1990, S. 80.
[36] Handke: Die Lehre der Sainte-Victoire, S. 62.
[37] Vgl. Jürgen Brokoff: Ich sehe was, was ihr nicht fasst. Peter Handke als

serbischer Nationalist. URL: https://www.faz.net/aktuell/feuilleton/buecher/autoren/peter-handke-als-serbischer-nationalist-ich-sehe-was-was-ihr-nicht-fasst-1597025.html, zuletzt abgerufen am 27.5.2020; Ders.: »Ich wäre gern noch viel skandalöser«. Peter Handkes Texte zum Jugoslawienkrieg im Spannungsfeld von Medien, Politik und Poesie, in: Peter Handke: Stationen, Positionen, Orte, hg. von Anna Kinder, Berlin 2014, S. 17–37.

[38] KFSA, Bd. 12, S. 334 (Philosophische Vorlesungen).

[39] Vgl. zur Romantik bei Herrndorf Annika Bartsch: Romantik um 2000. Zur Reaktualisierung eines Modells in deutschsprachigen Romanen der Gegenwart, Heidelberg 2019.

[40] Wolfgang Herrndorf: Diesseits des Van-Allen-Gürtels, 5. Auflage, Reinbek bei Hamburg 2013, S. 151.

[41] Ebd., S. 153.

[42] Wolfgang Herrndorf: Tschick, 13. Auflage, Berlin 2011, S. 104.

[43] Ebd., S. 111.

[44] Vgl. zum Sternenhimmel bei Schleiermacher Kapitel 6.

[45] Herrndorf: Tschick, S. 120.

[46] Ebd., S. 121.

[47] Ebd., S. 122.

[48] Ebd., S. 254.

[49] Tocotronic: »Freiburg«, auf: The Best of Tocotronic, 2005.

[50] Ebd.

[51] Tocotronic: »Im Zweifel für den Zweifel«, auf: Schall und Wahn, 2010.

[52] Tocotronic: »Electric Guitar«, auf: Die Unendlichkeit, 2018.

[53] Ebd.

Abbildungsverzeichnis

Abb. 1: Caspar David Friedrich, Der einsame Baum, 1822
© bpk / Nationalgalerie, SMB / Jörg. P. Anders

Abb. 2: Caspar David Friedrich, Frau am Meer, um 1818
© Kunst Museum Winterthur, Stiftung Oskar Reinhart
© SIK-ISEA, Zürich (Philipp Hitz)

Abb. 3: Caspar David Friedrich, Mondaufgang am Meer, 1822
© bpk / Nationalgalerie, SMB / Jörg. P. Anders

Abb. 4: Philipp Otto Runge, Der kleine Morgen, 1808
© bpk / Hamburger Kunsthalle / Elke Walford

Abb. 5: John Constable, Branch Hill Pond, Hampstead Heath, with a Boy Sitting on a Bank, etwa 1825, © Photo © Tate

Abb. 6: Szenenfoto aus »Titanic«, Copyright © 20th Century Fox Licensing/Everett Collection/picturedesk.com

Abb. 7: Johann Gottfried Schadow, Prinzessinnengruppe, 1795/97 © bpk / Nationalgalerie, SMB / Andres Kilger

Abb. 8: Luise Duttenhofer, Brentano als Schmetterling, vor 1830
© DLA Marbach

Abb. 9: Paul Cézanne, Mount Sainte-Victoire, 1898–1902
© The State Hermitage Museum, St. Petersburg, Photograph © The State Hermitage Museum. Photo by Pavel Demidov, Konstantin Sinyavsky

Siglenverzeichnis

DHA   Heinrich Heine: Historisch-kritische Gesamtausgabe der Werke, hg. von Manfred Windfuhr in Verbindung mit dem Heinrich-Heine-Institut Düsseldorf, 16 Bde., Hamburg 1973–1997.

EW   Joseph von Eichendorff: Werke in sechs Bänden, hg. von Wolfgang Frühwald, Brigitte Schillbach und Hartwig Schultz, 6 Bde., Frankfurt a.M. 1985–2013.

KFSA   Friedrich Schlegel: Kritische Ausgabe, hg. von Ernst Behler unter Mitwirkung von Jean-Jacques Anstett und Hans Eichner u.a., Paderborn u.a. 1958ff.

NS   Novalis: Schriften. Die Werke Friedrich von Hardenbergs. Begründet von Paul Kluckhohn und Richard Samuel. Hg. von Richard Samuel in Zusammenarbeit mit Hans-Joachim Mähl und Gerhard Schulz, 3. Auflage, Stuttgart u.a. 1975ff.

Personenregister

Arnim, Achim von 21, 83
Arnim, Bettina von 11f., 43, 85, *87f.*, 91

Barrett Browning, Elizabeth 10, 12, *103–105*, 130
Brentano, Clemens 11, *21*, 43, 45, *55–58*, *83f.*, 98, *101–103*, 128
Brinkmann, Rolf Dieter 127f.
Büchner, Georg 88
Burnside, John 130f.

Cézanne, Paul 132, 133, 134
Constable, John 66f., 74
Creuzer, Friedrich 43, 44

Droste-Hülshoff, Annette von 72–74
Dylan, Bob 123, 124–127, 137

Eichendorff, Joseph von 7, 8, 10, 11, 12, 21, *30–32*, 33, 57, 60, *68–70*, 71, 72, 74, 88, *98–100*, 109, 134, 136
Emerson, Ralph Waldo 33
Enzensberger, Hans Magnus 128–130

Fichte, Johann Gottlieb 22, 26, 27, 118, 119
Fouqué, Friedrich de la Motte 85
Friederike von Mecklenburg-Strelitz 77
Friedrich, Caspar David 8, 12, 27, 33, 60, *61–64*, 65, 67, 74, 135

Friedrich II. von Preußen (der Große) 77, 80
Friedrich Wilhelm III. von Preußen 77, 80, 82
Friedrich Wilhelm IV. von Preußen 12, 85–86, 87, 88

Ginsberg, Allen 124, 126
Goethe, Johann Wolfgang 11, 20, 22, 23, 49, 50, 77, 94–96
Gödel, Kurt 129
Günderrode, Karoline von 43–45, 46, 90, 123

Handke, Peter 131–134
Hegel, Georg Friedrich Wilhelm 29
Heine, Heinrich 11, 12, 21, 46, *49–55*, 61, 72, 85, *86f.*, *106f.*
Heinrich IV. von Frankreich 81
Hesse, Hermann 123
Herrndorf, Wolfgang 8, 135–137
Herz, Henriette 16
Hobbes, Thomas 79
Hoffmann, Ernst Theodor Amadeus 7, 111–116

Kant, Immanuel 26f., 118, 119,
Klingemann, August 117f., 119

Leopardi, Giacomo 71f., 74
Lowtzow, Dirk von 138–139
Ludwig I. von Bayern 86
Luise von Mecklenburg-Strelitz 77, 82

Mann, Thomas 58, 88f.
Mereau, Sophie 101–103, 128
Müller, Adam 9, 83, 84f., 111

Nicolai, Friedrich 22f.
Nietzsche, Friedrich 58
Novalis (Friedrich von Hardenberg) 7, 9, 10, 18, 19f., 24, *25f.*, *27–29*, 30, 31, 32, *35–40*, 41, 43, 44, 46, 48, 55, 56, 58, 72, 74, 76, *77–82*, 83, 84, 85, 86, 88, 89, 90, 97, 109, 110, 111, 123, 124, 126, 128, 131, 133

Petrarca, Francesco 9, 103
Poe, Edgar Allan 119–122

Reil, Johann Christian 115
Rilke, Rainer Maria 104
Ritter, Johann Wilhelm 76
Rorty, Richard 59f., 123
Runge, Philipp Otto 65f.

Schadow, Johann Gottfried 77f., 80
Schelling, Friedrich Wilhelm Joseph 11, 18, 19, 20, 76, 85, 121,
Schiller, Friedrich 11, 18, 19, 20, 23, 76,
Schlegel, August Wilhelm 9, 10, 15, 17, 18, 23, 71

Schlegel/Schelling, Caroline (verwitwete Böhmer, geschiedene Schlegel, verheiratete Schelling) 17, 18, 19, 20
Schlegel, Dorothea (geboren als Brendel Mendelssohn, geschiedene Veit, verheiratete Schlegel) 16f., 18, 19, 20, 56, 96,
Schlegel, Friedrich 9, 11, *15–17*, 18, 19, 20, 22, 24, 26, *47–49*, 54, 55, 56, 57, 61, *75f.*, 82, 87, 96–98, 102, 125, 131, 134,
Schleiermacher, Friedrich 11, 15f., 18, 20, 22, 76, 86,
Schumann, Robert 31
Sheeran, Ed 70, 123
Shepard, Sam 124
Staël, Germaine de 9f. 72

Thoreau, Henry David 10, 12, 33f., 60, 61, 72,
Tieck, Ludwig 8, 18, 19, 20, 116f., 127

Veit, Simon 16

Werner, Abraham Gottlob 40
Whitman, Walt 89
Wolf, Christa 45f., 90f., 123
Wordsworth, William 10, 12, 41–43, 75, 126, 130

Dirk Werle
›Barocke‹ Lyrik lesen
2019. 160 Seiten. Kt 18,80 €
ISBN 978-3-465-04341-6
Klostermann Rote Reihe 112

Auch als E-Book erhältlich

Wie sollte man deutschsprachige Lyrik des 17. Jahrhunderts lesen? Dirk Werle beantwortet diese Frage auf der Basis eines konsequent historischen Gattungs- und Epochenverständnisses: Unter ›Lyrik‹ hat man im 17. Jahrhundert etwas anderes verstanden als heute, und der Begriff des ›Barock‹ war unbekannt. Für die jedes Kapitel einleitenden Beispielanalysen, aus denen allgemeinere Überlegungen und Gesichtspunkte entwickelt werden, wurden Gedichte ausgewählt, die nicht in einschlägigen Anthologien auftauchen und die daher einen unbefangenen Zugang zu einem faszinierenden Feld der Literaturgeschichte ermöglichen. Werle zeigt, dass Lyrik des 17. Jahrhunderts durch eine Poetik der Wiederholung charakterisiert ist, die auf Affinität zur Musik und dem Prinzip geselligen Spiels beruht. Es handelt sich um eine Form von Popliteratur, die nicht direkt auf die Realität referiert, sondern eine poetische Eigenwelt erzeugt und für ihr Verständnis eine ›Hermeneutik des Einfachen‹ fordert, die in diesem Buch eingeführt und erläutert wird.

Hans Ulrich Gumbrecht
Crowds
Das Stadion als Ritual
von Intensität
2020. 154 Seiten. Kt 14,80 €
ISBN 978-3-465-04385-0
Klostermann Essay 5

Auch als E-Book erhältlich

Wer schon einmal ein Fußballspiel in einem größeren Stadion erlebt hat, kennt die Stimmung, die vor allem von den Tribünen ausgeht, auf denen die echten Fans ihre Mannschaften anfeuern.

Hans Ulrich Gumbrecht – Anhänger von Borussia Dortmund und einer der großen Literaturwissenschaftler unserer Zeit – geht dieser Stimmung in besonderer Weise nach. In seinem Essay *Crowds* verbindet er die Innensicht des Fans mit einschlägigen Theorien des 20. Jahrhunderts. Und während »die Masse« in Politik und Kultur einen eher zweifelhaften Ruf genießt – da für leicht steuerbar gehalten –, erkennt Gumbrecht in den Fans der Dortmunder »Süd«, einer der weltweit größten Stehplatztribünen, ein Potential zu ihrem Lob.

»So genau, zugleich sympathisierend und skeptisch, hat bislang noch niemand die Masse im Stadion untersucht, analysiert und zugleich beschworen. All das macht diese knappe Denkschrift zum bislang originellsten Fußballbuch des Jahres.« *11 Freunde*